Kleine Geschichte Unterfrankens

Erich Schneider

Kleine Geschichte Unterfrankens

Verlag Friedrich Pustet
Regensburg

Bibliografische Information der Deutschen Nationalbibliothek
Die Deutsche Nationalbibliothek verzeichnet diese Publikation in der Deutschen Nationalbibliografie; detaillierte bibliografische Daten sind im Internet über http://dnb.dnb.de abrufbar.

Gutenbergstraße 8 | 93051 Regensburg
Tel. 0941/920220 | verlag@pustet.de

ISBN 978-3-7917-3172-8
Reihen-/Umschlaggestaltung und Layout: Martin Veicht, Regensburg
Satz: Vollnhals Fotosatz, Neustadt a. d. Donau
Druck und Bindung: Friedrich Pustet, Regensburg
Printed in Germany 2020

eISBN 978-3-7917-8181-7 (epub)

Inhalt

Vorwort

Nach der erfolgreichen *Kleinen Geschichte Frankens* von Anna Schiener erscheint nun im selben Verlag eine in drei Bände aufgeteilte „Kleine Geschichte“ aller drei fränkischen Regierungsbezirke respektive ihrer Vorgänger. Es ist sicher nicht alleine die Vielzahl historischer Ereignisse und der mit Franken zu verbindenden kulturellen Höhepunkte, die nach einem solchen Schritt verlangt – die Zahl der Druckseiten hätte ein engagierter Lektor ohne Zweifel kürzen können. Eher wird man die geringe Schnittmenge an Verbindendem in der Geschichte der drei fränkischen Bezirke mindestens vor 1803 anführen können: Das Bistum Bamberg ist im Hochmittelalter aus dem Diözesangebiet des Bistums Würzburg heraus gegründet worden und gerade in der Barockzeit wurden beide Bistümer immer wieder von einem Fürstbischof regiert. Was aber haben die beiden Markgrafschaften ober und unter dem „Gebürg“ in Bayreuth und Ansbach mit Würzburg und Bamberg zu tun? Ist es alleine der über Jahrhunderte währende Streit um die Würde eines Herzogs in Franken? Noch schwieriger wird es, wenn man das Gemeinsame mit den Reichsstädten, allen voran mit dem in einer anderen Liga spielenden Nürnberg, sucht. An Größe und wirtschaftlicher Bedeutung war diese Stadt allen anderen in Franken stets weit überlegen. Dass sie im 19. Jh. nicht so etwas wie eine fränkische Hauptstadt oder doch wenigstens Sitz der Regierung von Mittelfranken wurde, hat der bayerische König verhindert. Vielleicht aber hatten oder haben die drei Bezirke gar kein Interesse an einer fränkischen Metropolregion mit Sitz in Nürnberg? Dessen ungeachtet kamen in jüngster Zeit zwei bayerische Ministerpräsidenten aus der Noris. Im Zuge der Gemeindegebietsreform der 1970er-Jahre wurde Eichstätt von Franken abgetrennt. Noch unschärfer wird die Eingrenzung Frankens, will man die Städte und Regionen im südlichen Thüringen, an der Tauber oder im hällisch-fränkischen Grenzgebiet, in denen fränkisch gesprochen wird, berücksichtigen. Am Ende steckt wohl auch etwas von dem dahinter, was man mit „fränkischem Separatismus“ umschrieben hat, das sich dagegen sperrt, die Geschichte ganz Frankens zwischen lediglich zwei Buchdeckel zu pressen.

Dabei macht die Beschränkung auf Unterfranken – respektive Ober- und Mittelfranken – das Vorhaben nicht einfacher. Genauso, wie sich die Frage danach, was denn Franken sei, nur annähernd beantworten lässt, verhält es sich mit dem politischen Gebilde Unterfranken bzw. den Gebietskörperschaften, aus denen es entstanden ist. „Unterfranken“ gibt es erst seit dem 9. April 1946. Es löste den am 1. Juni 1938 von den Nationalsozialisten eingeführten, räumlich annähernd identischen Gau „Mainfranken“ ab. Dafür fiel 1946 der bis 1938 gepflegte Zusatz „und Aschaffenburg“ einfach weg. Davor hatte die Region etwas mehr als 100 Jahre den Namen „Unterfranken und Aschaffenburg“ mit Würzburg als Hauptstadt getragen. Die in dieser etwas sperrigen Wortschöpfung sich äußernde Unterscheidung ergab Sinn, als das am unteren Main gelegene Aschaffenburg bis zum Ende des Alten Reiches zum Erzstift Mainz gehört hat. Sprachlich sind die „Aschebercher“ keine Unterfranken. Bei Schollbrunn verläuft nämlich die Grenze zwischen dem rheinfränkischen und dem mainfränkischen Dialekt, der sogenannte „Äppeläquator“: Dort lässt der Rheinfranke das „f“ in Äpfel nämlich weg. Wem das zu kompliziert wird, der sei daran erinnert, dass das heutige Unterfranken im Rahmen der Gründung des Königreichs Bayern seit dem 2. Februar 1817 rund elf Jahre lang Untermainkreis hieß, in Analogie zum Obermainkreis, dem jetzigen Oberfranken.

Hervorgegangen war dieser Untermainkreis aus dem Großherzogtum Würzburg und aus Aschaffenburg. Während Aschaffenburg bis 1803 zum Erzstift Mainz, dann auch zum Großherzogtum für Dalberg gehörte, war das Würzburger Gebiet davor Teil des gleichnamigen Hochstifts und ein souveräner Staat im Alten Reich. Die Würzburger Fürstbischöfe hatten nämlich aus der im Jahr 1168 von Kaiser Friedrich I. Barbarossa an Bischof Herold verliehenen „Güldenen Freiheit“ einseitig das Recht abgeleitet, den Titel eines Herzogs von ganz Franken zu tragen. Damit konnten sie sich bis 1803 jedoch nie völlig durchsetzen. Allerdings erfuhren sie im Nachhinein so etwas wie Genugtuung, weil der fränkische Rechen als Teil ihres hochstiftischen Wappens durch die königlich bayerische Verwaltung wie selbstverständlich zum Symbol für ganz Franken gemacht worden ist (und nicht das in Silber und Schwarz gevierte Wappen der fränkischen Hohenzollern). Wenn dann sogar der fränkische Rechen heute über der Nürnberger Kaiserburg weht, dann freut das den Unterfranken sogar noch ein klein wenig mehr.

Weiter sollen die hier in groben Zügen skizzierten komplizierten politischen Verhältnisse nicht aufgeschlüsselt werden. Es muss aber daran erinnert werden, dass vor 1803 eine Vielzahl von selbstständigen oder nach Selbstständigkeit strebenden Herrschaften des Adels, der Reichsritter, der Klöster oder der Reichsstädte die politische Landschaft in Unterfranken in die sprichwörtlichen Duodez-Fürstentümer fast zerstückelt haben. Das wirkt bis in die Gegenwart nach. Waren es 1818 etwas mehr als 500.000 Einwohner, so stieg deren Zahl im Laufe des 19. Jhs. gegen 1860 auf über 600.000, um dann in den ersten Jahren nach dem Zweiten Weltkrieg mehr als 1.000.000 Menschen zu zählen. Ihren Höhepunkt erreichte die Zahl der Unterfranken zu Beginn des 21. Jhs. mit etwa 1,35 Mio., um in den folgenden zehn Jahren stetig auf rund 1,25 Mio. Einwohner abzuschmelzen; Tendenz weiter fallend.

Dieses Büchlein ist von einem Kunsthistoriker und Museumsmann verfasst worden. Deshalb wird das darin angesprochene historische Geschehen nicht alleine aus den Schriftquellen destilliert, sondern es werden häufiger auch Sachzeugnisse als Belege herangezogen. Die Publikation fußt selbstverständlich auf der von zahlreichen Autorinnen und Autoren vor mir erarbeiteten wissenschaftlichen Literatur. Einen Generalüberblick bietet die zwischen 1989 und 2002 von Peter Kolb und Ernst-Günther Krenig mit Unterstützung zahlreicher weiterer Fachkollegen im Auftrag des Bezirks Unterfranken in fünf Bänden herausgegebene *Unterfränkische Geschichte*. Da der Verlag in der Reihe, in der diese Arbeit erscheint, keine Fußnoten vorgesehen hat, muss ich hinsichtlich der verwendeten Literatur auf die knappen Angaben am Ende verweisen. Da sich die hier vorgelegte *Kleine Geschichte Unterfrankens* nicht als bloßes Kondensat der bisherigen Literatur versteht, danke ich zahlreichen Gesprächspartner*innen, dass sie ihr Wissen mit mir geteilt und mich in Einzelfragen beraten, ja häufig genug verbessert oder vor Fehlern bewahrt haben: Namentlich nenne ich die Herren Prof. Dr. Klaus Arnold (Kitzingen), Dr. Peter Kolb (Würzburg) sowie Dr. Hans Steidle (Würzburg) und nicht zuletzt auch die sensible Lektorin des Pustet-Verlags, Frau Christiane Tomasi, die sich der Mühe des kritischen Korrekturlesens unterzogen haben.

Würzburg, im Sommer 2020 Erich Schneider

Das Land am mittleren Main: Versuch einer Annäherung

Landschaft und Raum

Gespeist von seinen beiden Quellflüssen Weißer und Roter Main in Oberfranken erreicht der Main zwischen Zeil und Haßfurt Unterfranken. Er „schlendert" dort zunächst von Osten nach Westen entlang der burgenreichen Haßberge mit dem Grabfeld um Bad Königshofen und der kuppeligen Rhön bei Bischofsheim im Norden. Bei Schweinfurt zieht es ihn nach Süden, wo er eine Ebene durchquert, die im Osten und Süden vom hügeligen Steigerwald begrenzt wird. Dem Maindreieck folgend, erreicht der Fluss das Weinland um Volkach und Kitzingen. Daran schließt sich im Süden der fruchtbare Ochsenfurter Gau an. Dort zieht der Main steil nach Nordwesten, passiert die unterfränkische Metropole Würzburg und weicht bei Gemünden dem Spessart aus. Wieder geht's entlang des Mainvierecks nach Süden, bis der Fluss bei Urphar für etliche Kilometer erneut seine Hauptrichtung nach Westen ändert. Bei Miltenberg fließt er nach Norden in Richtung Aschaffenburg, wo er das fränkische Bayern bald verlässt, um bei Mainz in den Rhein zu münden.

Heute sind die politischen Grenzen Unterfrankens genau definiert und dennoch historisch gesehen „fließend". Manche Aschaffenburger sehen sich rund 200 Jahre nach der Säkularisation noch immer als „mainzisch" an und nicht wenige Bewohner an der Tauber verstehen sich genauso als (Unter-) Franken. Von denen im südlichen Thüringen gar nicht zu reden.

Sieht man einmal von dem bei Hörstein zutage tretenden Urgestein ab, dann ist die unterfränkische Landschaft geologisch dreigeteilt: Spessart und Odenwald werden durch den Buntsandstein geprägt, auf dem Eichen- und Buchenwälder wachsen. Vor allem die Spessart-Eichen sind wegen ihrer

In einer spektakulären Schleife ändert der Main bei Urphar nahe Wertheim seine Fließrichtung.

Qualität gefragt. Mainviereck und Maindreieck bilden die „Fränkische Platte" mit bis zu 300 m dicken Plattenlandschaften aus Kalkgestein als Fundament. Das Ackerland darüber besteht aus Löß und Lößlehm. Südlich von Schweinfurt dominiert die Keuperstufe, in die immer wieder Sandsteinbrüche eingebettet sind. Nordöstlich des Mainvierecks erhebt sich die von einstigen Vulkanen geformte Rhön mit dem Gipfel des 927 m hohen unterfränkischen Kreuzbergs. Der dort anstehende Basalt war früher als Straßenbelag sehr begehrt. Davon zeugen riesige Steinbrüche, die sich die Natur allmählich wieder zurückerobert. Das Landschaftsbild der Rhön wird von Wiesenflächen geprägt. An den Rändern des Gebirges haben Heilquellen die Entstehung von Kurbädern gefördert.

Entlang den nach Süden und Westen ausgerichteten Steilhängen am Main wächst ein vorzüglicher Wein, dem die Winzer mit dem Bocksbeutel seit rund zwei Jahrhunderten ein charakteristisches Gefäß verliehen haben. Wegen der feinen mineralischen Note schätzen Kenner auch die Weine vom Steigerwald. Möchte man Unter- von Oberfranken unterscheiden, dann soll es hier mehr Wein und dort mehr Bier geben.

Die fruchtbaren Böden bieten hervorragende Bedingungen für Spargel und Zuckerrüben. Die Kitzinger Gegend ist eine Gartenbaulandschaft. Darüber hinaus werden Zwetschgen, Äpfel oder Birnen geerntet oder häufig zu edlen Destillaten gebrannt. Zwischen Würzburg und Werneck prägen Äcker mit Weiß- und Blaukraut das Bild. Sennfeld und Gochsheim bei Schweinfurt betreiben den Anbau von Gurken („Kümmerli“), die zu Sauerkonserven verarbeitet werden. Das benachbarte Schwebheim gilt als „Apothekengarten“. Ein großer Kräuterhersteller sitzt in Abtswind. Und dann gibt es noch immer Bauern, die Viehzucht treiben: Von irgendwoher müssen zu diesem vielen Gemüse die wohlschmeckenden Bratwürste und die leckeren „Schäuferli“ (gebratene Schweineschultern) kommen.

Unterfranken vor den Franken

Die Vorgeschichte des unterfränkischen Raumes lässt sich weit bis in die Anfänge menschlicher Kultur zurückverfolgen. Funde vom Schalksberg in Würzburg belegen, dass entlang des Maines schon vor 300.000 Jahren der „Homo erectus heidelbergensis“ gelebt hat. Fruchtbare Böden und reiche Jagdgründe haben in der Altsteinzeit vor über 10.000 Jahren Jäger und Sammler hierhergeführt. Ältester Beleg dürfte ein Faustkeil sein, der bei Dornheim nahe Iphofen entdeckt wurde. Ackerbau und Viehzucht hat die Menschen sesshaft werden lassen. Schwanfeld bei Schweinfurt gilt wegen seiner um 7500 v. Chr. zu datierenden Funde als ältestes Dorf in Deutschland. Etwas

An den Hängen des Steigerwaldes nahe Castell wächst ein vorzüglicher Wein.

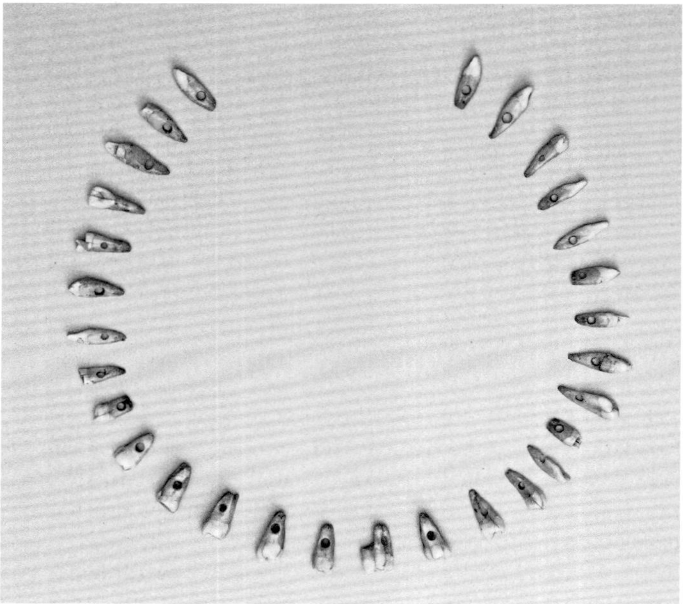

Kette aus den Zähnen geopferter Menschen aus Zeuzleben, 6000 v. Chr.

jünger sind Fragmente figürlicher Plastik, die kultisch-religiöse Bedeutung gehabt haben dürften. In diesen Kontext gehört eine 8.000 Jahre alte Kette aus Zähnen von Menschenopfern im Würzburger Museum für Franken, die bei Zeuzleben gefunden worden ist. Damals gab es auch eine befestigte Siedlung auf dem Judenhügel bei Kleinbardorf.

Die Keramik der Mittelsteinzeit bis hin zur Glockenbecherkultur vom Ende der Steinzeit mit ihren reich verzierten, im Umriss an Glocken erinnernden Gefäßen ist ebenso belegt. Eine große Besonderheit bilden die hölzernen Kreisgrabenanlagen zur Bestimmung des Sonnenstandes und damit des Kalenders. Sie lassen sich in Ippesheim und Hopferstadt knapp jenseits der Grenze zu Mittelfranken nachweisen. Beide Orte dürften von kultischer Bedeutung gewesen sein und haben Sichtkontakt zum Bullenheimer Berg. Dort wurde 1973 eine bronzezeitliche Höhensiedlung entdeckt. Die hier gefundenen bronzenen Rad-

Der Kultwagen von Acholshausen

Bedeutendstes Objekt dieser Zeit ist der Kultwagen von Acholshausen im Museum für Franken in Würzburg (um 1000 v. Chr.). Das aus Bronze gegossene Gefährt war Teil des reichen Grabes einer hochgestellten Persönlichkeit, die wohl kultische Handlungen vollzog. Vermutlich sind solche Kultwagen mit Regenzeremonien in Dürrezeiten in Verbindung zu bringen. Hinweise darauf sind die im Grab gefundenen beiden bronzenen Zierscheiben, die als Sonnensymbole gelten.

naben im Museum für Franken Würzburg lassen einen von Pferden gezogenen Kultwagen rekonstruieren.

Die Bronzezeit (ca. 2200–800 v. Chr.) steht für einen Höhepunkt in der frühen Kultur Unterfrankens. Damals löste das Metall Bronze Werkzeuge und Schmuckstücke aus Stein ab. Für diesen Technologiesprung bedurfte es eines regen Handelsaustauschs. Das Leben vieler Menschen in dörflichen Gemeinschaften und der Schutz der Handelswege förderten die Anfänge hierarchisch geordneter Gesellschaften. Am Ende der Epoche steht die Urnenfelderzeit, in der die Toten verbrannt und in Urnen bestattet wurden.

In der Hallstattzeit von etwa 700 bis 450 v. Chr. lassen sich die Kelten in Unterfranken fassen. Damals gelang es erstmals, Eisen zu verhütten und zu schmieden: ein weiterer technologi-

Spätbronzezeitlicher Kultwagen aus Acholshausen (LKr. Würzburg), Bronze, um 1000 v. Chr.

scher Fortschritt mit großen Folgen! Ihre Siedlungen lagen meist auf Bergen. Ein Herrschaftszentrum war der Marienberg in Würzburg. Dort gefundene attische Importkeramik lässt auf luxuriöse Trinkgelage der vom Berg aus regierenden Fürsten sowie auf weitgespannte Handelskontakte und Reichtum schließen. Davon zeugen ferner Fürstengräber in riesigen Grabhügeln, wie jenes auf dem Laushügel oberhalb von Biebelried. Die Bergfestungen wurden in der bis in die Zeit von Christi Geburt währenden Latènezeit weiter ausgebaut. Auf dem Schwanberg oberhalb von Iphofen bildete sich im 2. Jh. v. Chr. eine stadtartige Siedlung *(oppidum)* heraus. Die spätkeltische Befestigung war zeitweilig ein politisches Zentrum der Region.

Die Kelten begannen im 4. Jh. v. Chr., in der Ebene zu siedeln. Im 1. Jh. v. Chr. drangen germanische Stämme aus dem Raum Elbe und Saale nach Unterfranken ein. Bei Gerolzhofen wurde ein germanisches Wohnstallhaus aus der Zeit um Christi Geburt ausgegraben. In Mitteleuropa suchten damals über rund fünf Jahrhunderte hinweg ständig neue Völkerschaften Fuß zu fassen. Wegen Kontinuität der Siedlungen spricht man eher von Migration als von gewaltsamen Eroberungszügen.

Zahlreiche neuere Funde belegen, dass das Land am mittleren Main einen Schwerpunkt der Besiedlung in der römischen Kaiserzeit im 1. bis 5. Jh. n. Chr. erfahren hat. Dafür stehen Orte wie Klein- und Großlangheim, Alitzheim, Ober- und Unterspiesheim, Eßleben oder Tückelhausen. 1985 wurde oberhalb von Marktbreit ein römisches Legionslager entdeckt, das die Vorstellung von der Anwesenheit der Römer in Franken verändert hat. Das zwischen 10 v. Chr. und 9 n. Chr. erbaute Lager für zwei Legionen war Teil einer Großoffensive zur weiteren Unterwerfung Germaniens. Trotz anfänglicher Erfolge erzwang die für Rom verheerende Varusschlacht 9 n. Chr. die Aufgabe des Lagers bei Marktbreit.

Um 90 n. Chr. drangen die Römer von Süden in den Raum Weißenburg i. Bay. und Gunzenhausen vor und erbauten im Rahmen des Limes weitere Grenzbefestigungen. Man muss sich diesen Limes als bewachte, aber für den Handel offene Grenze vorstellen. Daneben gab es den Main als sogenannten „nassen" Limes zwischen Großkrotzenburg und Bürgstadt.

Kessel, Schalen und Kasserollen aus Bronze von einem römischen Hortfund bei Höchberg, 2./3. Jh. n. Chr.

Weitgehend frei vom militärischen Druck der Römer ließen sich im 2. und 3. Jh. n. Chr. die Germanen von Rhein und Weser her im heutigen Unterfranken nieder. Römische Luxusgüter gelangten auf diese Weise in die Region. Dazu gehören die kleine bronzene römische Merkurstatuette aus Iphofen-Possenheim (Prähistorische Staatssammlung München) oder die Bronzeapplike eines Gottes Okeanos (Privatbesitz).

259/60 überrannten die Alamannen den Limes und die Römer zogen sich über den Rhein zurück. Die Folge waren germanische Raubzüge in ehemals römischem Gebiet. Hiervon zeugt ein unlängst bei Höchberg geborgener Hortfund mit Kesseln, Schalen und Kasserollen, die der Verein „Freunde Mainfränkischer Kunst und Geschichte" für das Museum für Franken erwerben konnte.

Während des 5. Jhs. drangen die Alamannen aus Thüringen in das Maingebiet vor. Ihre Hauptorte *(civitates)* waren Würzburg und Aschaffenburg (Mainaschaff?). Dennoch konnten sie sich nicht lange halten und wurden von Rheinfranken und Weserfranken in mehreren Schlachten besiegt. 496 schälte sich in der Schlacht von Zülpich Chlodwig I. († 511) aus dem Geschlecht der Merowinger als starker Mann heraus. Er soll der

Überlieferung zufolge nach diesem Sieg in Reims durch Gregor von Tours getauft worden sein. Im Jahr 506 besiegelte die Schlacht bei Straßburg den Untergang der Alamannen. Der Untermain wurde Teil des Fränkischen Reiches und Ausgangspunkt für ihr weiteres Vordringen entlang des Mains nach Osten. Der militärische Erfolg der Franken verdankt sich auch ihrer wichtigsten Waffe, der „Franziska". Es handelt sich um ein Wurfbeil, das zugleich als Hiebwaffe benutzt werden konnte.

Frühe Zeugnisse des Christentums

Die Franken brachten wohl erstmals die Kenntnis vom Christentum mit in die Region. Hinweise darauf bieten einige Funde in Kleinlangheim: Zu nennen sind eine durchbrochene Zierscheibe aus der Mitte des 6. Jhs., eine Fibel mit Kreuzmotiv (um 600) oder ein zweischneidiges Schwert aus Grab 25, eine sogenannte Spatha, mit Kreuzverzierung am Knauf (Museum für Franken, Würzburg). Um 640 soll außerdem in der *villa carloburgo*, dem heutigen Stadtteil Karlburg von Karlstadt, ein Marienkloster gewesen sein. Fakt ist jedoch, dass das Christentum vor dem Ende des 7. Jhs. nur eine Randrolle in Franken spielte.

Unterfranken wird fränkisch

Aufzeichnungen des „Geographen von Ravenna" aus der Zeit um 700 zufolge gab es im frühen Mittelalter östlich des Rheins zwei feste Plätze: Uburcis und Ascapha, die für gewöhnlich als Würzburg und Aschaffenburg identifiziert werden. Man nimmt an, dass sich im 6. Jh. von Westen her fränkische Adelige und Siedler, darunter sogenannte „Freie Franken", am mittleren Main niedergelassen haben. Zumindest der Adel dürfte getauft gewesen sein, während die altansässige Bevölkerung von heidnischen Vorstellungen geprägt blieb. Die neue Oberschicht gründete Orte, die meist aus Personennamen oder Himmelsrichtungen und der Endung „-heim" zusammengesetzt sind. Diese Phase der „Verfrankung" dauerte bis zur Mitte des 8. Jhs.

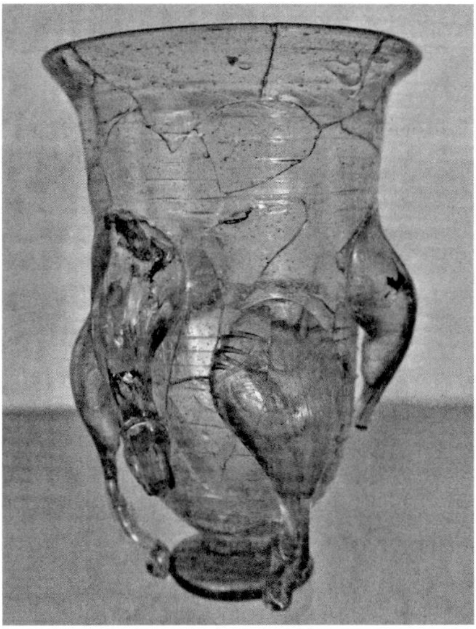

Rüsselbecher aus Hellmitzheim (Lkr. Kitzingen), hellgrünes Glas, 6. Jh.

Papst Gregor III. verfasste um 738 einen Brief an diejenigen „im Grabfeld, und alle [ ] im östlichen Landstrich Wohnenden“. Während das Grabfeld eine definierte Größe bildete, war das Land östlich davon in der päpstlichen Kanzlei damals noch Terra incognita. Erst nach Mitte des 8. Jhs. findet sich der Name *orientales Franci* für die dort Lebenden. Daraus wurde im 9. Jh. *Francia orientalis* – Ostfranken – für das Land am Main. Im Grunde ist das jedoch nur ein Notname zur Unterscheidung des Kerngebiets der Karolinger westlich des Rheins, der um 1200 jedoch allgemein wurde.

Den Prozess der Verfrankung gefährdeten im 6. Jh. von Osten bis in den Steigerwald vordringende, slawisch geprägte Ethnien. Von den Wenden gegründete Orte tragen Namen, die auf „-wind“ enden, wie z. B. Abtswind oder Geiselwind an der A 3. Bis in die Zeit Karls d. Gr. (768–814) war Franken durch kriegerische Aktionen der Sachsen immer wieder bedroht.

Darüber hinaus hat es den Anschein, als ob die fränkische Oberschicht am Main durchaus eigene, sich nicht immer mit denen der Merowingerkönige deckende Interessen verfolgte. So soll sich der Franke Radulf († nach 642) als Herzog von Thüringen *(ducatus Thoringae)* gegen die fränkische Oberherrschaft der Pippiniden aufgelehnt haben.

Unsere Kenntnisse von den genauen genealogischen Zusammenhängen in Ostfranken im 6. und 7. Jh. sind undeutlich. Die *Passio Kiliani* erwähnt einen Herzog Hruodi in Franken. Ob dieser mit Herzog Radulf aus dem thüringischen Dukat identisch ist, wissen wir nicht. Hruodi wird in der *Passio* als Stammvater der Dynastie der Hetenen bezeichnet. Ihm soll sein Sohn Hetan d. Ä. gefolgt sein, an den sich dessen Sohn Gozbert anschloss, der im ausklingenden 7. Jh. in dem Kastell Wirciburc weitgehend unabhängig vom Frankenreich über die *Francia orientalis* geherrscht haben soll. Unter dem Einfluss der fränkischen Hausmeier und dem ab 687 regierenden König Pippin II. ging ihr Herzogtum Thüringen zwischen 716 und 719 unter. Herzog Gozbert wurde ermordet und sein Sohn Hetan II. aus dem Land getrieben.

Von Kilian bis Bonifatius

Der hl. Kilian als Apostel der Franken

Die frühesten Berichte über das Wirken des Frankenapostels Kilian und seiner Gefährten werden in die Mitte des 8. bis in die Mitte des 9. Jhs. datiert. Sie wurden daher erst etwa zwei bis drei Generationen nach seiner angenommenen Tätigkeit als Missionar aufgeschrieben. Es sind zunächst zwei Passiones („Leidensgeschichten"), die *Passio maior* und die *Passio minor*. Dem Märtyrerverzeichnis des Fuldaer Abtes und Erzbischofs von Mainz, Hrabanus Maurus (780–856), sowie dem Mönch Beda Venerabilis (vor 850) verdanken wir weitere Informationen.

Im Jahr 686 sollen der irische Wanderbischof Kilian und seine Gefährten, der Priester Kolonat und der Diakon Totnan, in der Rhön auf dem Aschberg („Kreuzberg") einen Altar der Göttin Holla zerstört und ein Kreuz errichtet haben. Vom nahen Kilianshof aus zogen sie an den Main weiter. Versehen mit einem förmlichen Auftrag des Papstes, taufte Kilian in Würzburg viele Franken. Von Herzog Gozbert, der wohl bereits Christ war, verlangte der Missionar, seine Schwagerehe mit Gailana, der Frau seines verstorbenen Bruders, aufzulösen, da Ehen unter Verwandten nach kirchlichem Recht verboten waren. Als Gozbert damit einverstanden war, stiftete Gailana während dessen Abwesenheit bei einem Kriegszug Koch und Schlossvogt aus ihrem Haushalt an, Kilian und seine Gefährten zu enthaupten. Das geschah der Legende zufolge am 8. Juli 689. Ihre Leichen vergruben sie am Ort des heutigen Neumünsters. Darüber ließ Gailana einen Pferdestall bauen. Als der Herzog heimgekehrt war, gestanden die Mörder ihre Tat und richteten sich selbst. Gailana aber starb vom „bösen Geist" besessen.

Fakt ist: 752 wurden die Gebeine der drei Märtyrer durch den hl. Burkard, den 741/42 von Bonifatius eingesetzten ersten Bischof von Würzburg, erhoben und Kilian wurde der Patron des Bistums. Mit der monumentalen Darstellung des

Martyrium des hl. Kilian und seiner Gefährten. – Holztafelgemälde, Nürnberger Meister, um 1475.

hl. Kilian mit Stab und Schwert auf ihrer Fahne siegten die Truppen des Würzburger Bischofs 1266 in der Schlacht am Mühlberg bei Kitzingen (Museum für Franken, Würzburg). Als Reichsheiliger wurde er in Deutschland, Frankreich und Italien verehrt. Seit dem 16. Jh. waren die Gebeine der Patrone Frankens in der Krypta des Neumünsters in Büsten verwahrt, die Tilman Riemenschneider geschnitzt hat. Mit dem Untergang des Alten Reiches gingen die Reliquien verloren, wurden aber 1849 wiederentdeckt und ihre Verehrung erneuert. Während der Nazizeit und angesichts drohender Luftangriffe barg man die Reliquien heimlich im Turm der Pfarrkirche von Gerolzhofen. Nach Kriegsende trugen sie 1949 Gläubige in einer feierlichen Prozession wieder nach Würzburg. Bischof Julius Döpfner konnte 1952 im notdürftig reparierten Neumünster den 1200. Jahrestag der Erhebung der Gebeine der Bistumspatrone feiern. Bis heute tragen rund 130 Kirchen den Namen des hl. Kilian und der Tag des Martyriums der Frankenapostel wird am 8. Juli in Würzburg als geistliches und weltliches Hochfest begangen.

Willibrord, Bonifatius und die Gründung des Bistums Würzburg

Nach dem Tod von Herzog Gozbert fand der mainfränkisch-thüringische Dukat unter ungeklärten Umständen sein Ende. Das Gebiet am mittleren Main gelangte in die Abhängigkeit der Karolinger und wurde Königsland. Mit Unterstützung des Hausmeiers Pippin II. (um 635–714), des faktischen „Herrschers“ im Frankenreich, predigte der in Northumbrien geborene Mönch Willibrord (um 658–738) den christlichen Glauben in ganz Franken. Er erbaute christliche Kirchen, die er mit Priestern besetzte, und schuf erste kirchliche Organisationsstrukturen. In einer im *Castello Virteburch* 704 ausgestellten Urkunde überließen Herzog Hetan II. und seine Gemahlin Theodrada dem Missionar Güter in Thüringen. 716 erhielt Willibrord von dem Herzog Land an der fränkischen Saale zur Gründung eines Klosters.

Umstritten ist, dass auf dem schon in der späten Bronzezeit besiedelten Burgberg über Würzburg 706 eine Marienkirche erbaut worden sein soll. Zu Beginn des 8. Jhs. soll Hetan II. für seine Tochter Immina († um 751) dort ein Kloster gegründet haben. Immina soll der *Vita Burkardi* zufolge ihr Kloster dem Bischof geschenkt und dafür das Marienkloster im etwa 30 km mainabwärts gelegenen Karlburg als Lehen empfangen haben. Die Wissenschaft datiert die Anfänge der Marienkirche in die erste Hälfte des 11. Jhs. Ihre Ausformung als Zentralbau über rundem Grundriss mit Kuppel rückt sie sowohl in die Nähe von Memorialbauten der Spätantike in Italien als auch der karolingischen Pfalzkapelle in Aachen.

Ein bedeutendes Kloster im Frühmittelalter war Amorbach im Odenwald. Örtlicher Überlieferung zufolge soll die Benediktinerabtei auf den hl. Pirmin zurückgehen, der um 714 das Christentum gepredigt hat. Zunächst sei es ein kleines Kloster unter der Leitung seines Schülers Amor gewesen, das dieser dann 734 an den heutigen Platz verlegt habe. Die Weihe der ersten Kirche soll der hl. Bonifatius selbst vorgenommen haben.

741 starb der fränkische Hausmeier Karl Martell. Im Zuge der folgenden Reichsteilung erhielt dessen Sohn Karlmann Franken östlich des Rheins, also das heutige Thüringen, Hessen und Franken. Mit Unterstützung von Karlmann gründete Bonifatius ab 742 die Bistümer Würzburg, Büraburg, Fritzlar und Erfurt, die 743 von Papst Zacharias bestätigt wurden. Zur wirtschaftlichen Absicherung des Bistums Würzburg unter Bischof Burkard hatte Karlmann ihm 24 königliche Eigenkirchen in Ostfranken und am Mittelrhein geschenkt. Außerdem sprach er Burkard den Zehnt von 26 Königshöfen zu. Diese waren

Kiliansbanner. Siegespanier der Schlacht von 1266 bei Kitzingen, in der der Würzburger Bischof am Cyriakus-Tag die Grafen von Henneberg und von Castell besiegte.

Cyriakus-Schlacht von 1266 bei Kitzingen. – Miniatur von Martin Seger in der Fries-Chronik, 1546.

bereits in merowingischer Zeit meist an strategisch wichtigen Fernstraßen oder am Ufer von schiffbaren Flüssen angelegt worden und sollten die Verwaltung des Reiches fördern. Darunter waren Hallstadt am Main nahe Bamberg sowie der Königshof Salz am Nordrand des Maingebietes nahe Neustadt an der Saale, ein wichtiger Handels- und Stapelplatz, an dem sich Straßen aus Thüringen, Sachsen oder Hessen nach Würzburg oder ins slawische Obermaingebiet trafen. Hinzu kamen weitere jährliche Einkünfte „von den Gebieten der Ostfranken und von den Slaven". Pippin III. († 768) verlieh der Würzburger Kirche die Immunität und stärkte den königlichen Anspruch auf Franken weiter. Würzburg hatte sich damit als Metropole am mittleren Main sowie als Bindeglied und Puffer zwischen Bayern und Sachsen zugleich durchgesetzt.

Bereits vor Bonifatius soll es einige Klöster und Zellen für Mönche und Nonnen etwa in Tauberbischofsheim oder in Kleinochsenfurt gegeben haben. Sicheren Boden betreten wir erst 744 mit der Gründung der Benediktinerabtei Fulda unter der Führung von Abt Sturmius. Dieses Kloster nahm durch seine Unterstellung unter die Gerichtsbarkeit des Papstes eine aus der Reichskirche herausgehobene Stellung ein. 745 erscheint Eichstätt an der Altmühl als Bistum südlich von Würzburg. Dort wirkten die aus Südengland stammenden Missionare Willibald, Wunibald und Walburga. Das Frauenkloster in Kitzingen wurde der Sage nach von Hadeloga, einer angebli-

Der hl. Bonifatius

Die Organisation der katholischen Kirche Mainfrankens ist mit dem Wirken des hl. Bonifatius verbunden. Geboren als Winfrid um 672/677 in Wessex, trat er als Benediktinermönch in Exeter respektive in Nursling ein, zu dessen Abt er gewählt wurde. Trotzdem missionierte er ab 718 mit einer Vollmacht von Papst Gregor II. unter dem Namen Bonifatius zunächst in Thüringen, dann in Friesland und ab 721 in Hessen. 722 weihte ihn der Papst in Rom zum Bischof. 732 wurde er Erzbischof ohne Sprengel, aber mit dem Recht, selbst Bischöfe zu weihen, und 737/38 päpstlicher Legat für Germanien. Damit war in der Person des Bonifatius die Organisation der Kirche in Deutschland eng mit Rom verknüpft.

Kloster Amorbach im Odenwald. Die 734 gegründete Abtei gehört zu den ältesten Stätten des christlichen Glaubens in Unterfranken.

chen Tochter Pippins d. J., vor 745/48 an einem im Mittelalter bedeutenden Mainübergang gestiftet.

Damals begann der Stern des Bonifatius zu verblassen. Seine 745 auf einer fränkischen Generalsynode in Frankfurt beschlossene Berufung zum Erzbischof von Köln scheiterte und er wurde „nur“ Bischof von Mainz. Der Rückzug seines Förderers Karlmann 747 in ein Kloster bot dessen Bruder und Nachfolger Pippin (714–768) die Chance, ganz Franken beiderseits des Rheins unter seiner Führung wieder zu vereinen. Mit Hilfe von Papst Zacharias setzte er 751 den Merowingerkönig Childerich III. ab und wurde als erster Karolinger zum König gewählt. Pippin III. drängte den Einfluss von Bonifatius auf die Reichskirche zurück und suchte dafür den direkten Kontakt zum Papst. Bonifatius nahm darauf mit über 80 Jahren die Mühen der Missionsarbeit erneut auf sich und zog nach Friesland, wo er 754 nahe Dokkum mit dem Schwert erschlagen wurde. Verehrt als Märtyrer und Heiliger wurde Bonifatius im Kloster Fulda beigesetzt.

Die Frühzeit des Bistums Würzburg

Die ersten Würzburger Bischöfe

Der erste Bischof Burkard von 742 war wie sein Mentor Angelsachse und Benediktinermönch. Er unterstützte Bonifatius' Wirken durch Teilnahme an Synoden. Mit Abt Fulrad von St. Denis reiste er 750/51 nach Rom, um Papst Zacharias zur Absetzung der Merowingerkönige zugunsten der bereits de facto regierenden karolingischen Hausmeier zu bewegen. Seine Teilnahme an dieser für Franken existenziellen Frage unterstreicht seinen Rang als Bischof im Machtgefüge des Reichs. In Würzburg gründete er das Andreaskloster – später St. Burkard – zu Füßen des Marienberges. Von besonderer Bedeutung war 752 die Erhebung der Gebeine des hl. Kilian und seiner Gefährten sowie deren Übertragung in seine Kathedrale auf dem Marienberg. Burkard soll sein Bischofsamt an Megingoz abgegeben haben, da er in Michelstadt ein Kloster gründen wollte. Er soll jedoch bereits am 2. Februar 753 in einer kleinen Höhle unterhalb der Homburg am Main gestorben sein, in der bis heute seiner gedacht wird.

Der zweite Würzburger Bischof Megingoz oder Megingaud (reg. 753–768) zog sich ebenfalls vorzeitig von seinem Amt zurück. Er gründete um 770 in dem Ort Rorinlacha Kloster Neustadt. Den Besitz stiftete ein Graf Hatto und die Abtei wurde in den Schutz Karls d. Gr. gestellt. Nach seinem Tod 794 fand Megingoz sein Grab zunächst im Dom zu Würzburg. Heute steht der Sarg im benachbarten Neumünster. In Schwarzach *(Suuarzaha)* am Main war 794 ein Frauenkloster errichtet worden, mit Theotrada, einer Tochter Karls d. Gr., als Äbtissin, das jedoch 877 aufgegeben wurde. Um 816 stifteten Megingaud d. J. und seine Gemahlin Imma Kloster Megingaudhausen am Laimbach nahe Marktbibart und übergaben es dem Reichsabt Benedikt von Aniane. Dessen Mönche zogen später nach Schwarzach um, wo sie seit 918 belegt sind.

Das Bistum bis zum Ende der Karolingerzeit

Der Sprengel des Bistums Würzburg war nahezu deckungsgleich mit dem Gebiet der vormaligen hetenischen Herzöge in Ostfranken, von Thüringen abgesehen. Im Westen grenzte er an Mainz und im Norden an Erfurt, das seit 755 ebenfalls zu Mainz gehörte. Im Südwesten folgte Worms, dem sich nach Süden Speyer sowie Konstanz und im Südosten Eichstätt anschlossen. In den Mittelgebirgen im Osten lag ein zunächst nicht eindeutig bestimmter Grenzraum. Dort wurde 1007 das Bistum Bamberg errichtet, für das Würzburg größere Teile seines Sprengels aufgeben musste.

Ungeachtet der Ausstattung des Bistums war die Organisation jenseits des Kerngebiets etwa im Maindreieck oder zwischen Main und Tauber lückenhaft. Auf die adeligen Eigenkirchen dort hatte der Bischof nur eingeschränkten Einfluss. Umfassende Leitungsgewalt erhielt er erst im Hochmittelalter; den weltlichen Herren verblieb fortan nur das Patronatsrecht zur Besetzung der Pfarreien. Meist mussten anfangs große Gebiete von den Geistlichen versorgt werden, die oft unzureichend ausgebildet waren. Die frühen Pfarrkirchen waren vermutlich Holzbauten, die kaum mehr als eine Generation Bestand gehabt haben. Kirchen aus Stein lassen sich erst in Mellrichstadt für das 8. und in Kleinlangheim für das 10. Jh. belegen.

Nur Jahrzehnte nach seiner Gründung agierte das Bistum Würzburg selbst in der Missionsarbeit. Karl d. Gr. beauftragte 793 Bischof Berowelf, für die Wenden an Main und Rednitz Kirchen zu errichten und dorthin Priester zu schicken. 14 Slawenkirchen wurden bis 810 erbaut. Berowelf war auch bei der Missionierung der Sachsen in der Gegend um Paderborn tätig. Diese Aufgabe übernahm 795 der in Würzburg ausgebildete Sachse Hathumar. Das Bistum Verden an der Aller wurde von den Abteien Amorbach und Neustadt am Main für das Christentum stabilisiert. Der erste Bischof von Verden war Abt Spatto von Amorbach und Neustadt am Main.

In Würzburg stammten die Bischöfe bald aus dem lokalen Adel: Kam Bischof Burkard noch aus Südengland, war sein Nachfolger Megingoz (reg. 753–768) wohl ein Mattone.

Die Würzburger Dombibliothek

Eine wichtige Rolle für die Glaubensverbreitung spielte die Würzburger Dombibliothek *(Libri sancti Kiliani)*. Bereits aus dem 8. Jh. hat sich ein Katalog ihrer Bücher überliefert. Mit Sicherheit haben Bonifatius und die anderen Missionare Bücher mitgebracht. Bis zur Mitte des 9. Jhs. bestand in Würzburg ein angelsächsisches Skriptorium, in dem Bücher geistlichen Inhalts kopiert und Schreiber ausgebildet wurden. Zudem ließ man sich Bücher etwa im Benediktinerkloster Fulda abschreiben. Das sogenannte *Kiliansevangeliar*, eine französische Handschrift um 600, gelangte erst später nach Würzburg. Gleiches gilt für die irischen Handschriften der Dombibliothek, die bis zur Säkularisation zu einer der bedeutendsten Büchersammlungen in Deutschland zählte.

Unter Bischof Berowelf (reg. 768/769–800), der enge Kontakte zu Karl d. Gr. gepflegt hat, wurde der Bau des ersten Doms abgeschlossen. Über die Bischöfe Liutrit (reg. 800–803) und Egilwart (reg. 803–810) ist wenig bekannt. Wolfgar (reg. 810–832) mehrte erfolgreich Besitz und Einkünfte des Bistums. Hunbert (reg. 833–842) verdankt die Dombibliothek manchen Zuwachs. Ebenfalls ein fränkischer Adelsspross war Gozbald (reg. 833–842). Er war seit 830 Abt von Niederaltaich und brachte nach Würzburg einige Schreiber mit, die die Dombibliothek mit Abschriften bereicherten. Einen neuen Typ Bischof verkörperte Arn (reg. 855–892). Der Geistliche, Politiker und Soldat war an mindestens vier Heerzügen gegen die Normannen sowie die slawischen Böhmen und Mährer beteiligt und fiel 892 im Kampf. Arn engagierte sich 888 aktiv an der Synode in Mainz und vollendete den Wiederaufbau des durch Brand zerstörten Würzburger Doms. Ferner gehen neun Landkirchen auf Arn zurück. Mit dem Konradiner Rudolf I. (reg. 892–908) wurde Würzburg in die Fehde zwischen Popponen – respektive den älteren Babenbergern – und Konradinern hineingezogen. Die Ungarn drängten ins Land und Bischof Rudolf I. fiel im Kampf. In unruhigen Zeiten regierten auch die Bischöfe Thioto (reg. 908–931) und Burkard II. (reg. 931–941).

Ansicht des Klosters Theres auf einem Kupferstich von 1745. Auch wenn die Anlage nach Plänen von Joseph Greissing nahezu völlig in barocken Formen erneuert wurde, prangt doch im Wappen noch immer der Babenbergische Adler und kündet von Alter und Herkunft der Abtei.

Die Babenberger Fehde

Nach dem Tod Ludwigs d. Frommen wurde das karolingische Reich 843 unter seinen drei Söhnen aufgeteilt: Ostfranken fiel an Ludwig d. Deutschen, dessen Dynastie bis zum Tod von Ludwig d. Kind 911 bestand. Außer den Würzburger Bischöfen gab es in Ostfranken viele altadelige Geschlechter, die sich im Dienst der Karolinger bewährt hatten und dafür mit Besitz – und damit Einkünften und Macht – ausgestattet worden waren.

Eine dieser Familien waren ab dem 9. Jh. die Popponen, benannt nach einem Graf Poppo im Grabfeldgau; sie hießen auch die (älteren) Babenberger, benannt nach der untergegangenen „Babenburg“ auf dem Bamberger Domberg. Poppo III. (887/9–945) avancierte zu einem der mächtigsten Adeligen in Ostfranken. Der mit den Konradinern verwandte König Arnulf († 899) begann den Einfluss dieser Familie einzudämmen und machte 892 mit Rudolf I. einen Konradiner zum Würzburger Bischof. Der 900 in Forchheim zum letzten karolingischen König in Ostfranken erhobene Ludwig IV. d. Kind († 911) vergab Güter der Popponen an die mit ihm verwandten Konradiner. Konrad d. J. wurde 906 Herzog von Franken. Im Zuge der „Babenberger Fehde“ fiel der Poppone Adalbert 903 in das Bistum Würzburg ein und vertrieb zeitweise Bischof Rudolf I. König Ludwig IV. griff später ein und belagerte den Babenberger in seiner Burg Theres am Main bei Haßfurt. Obwohl sich Adalbert ergab, wurde er hingerichtet und seine Güter einschließlich Bamberg großenteils zugunsten des Königs eingezogen. Damit war die Fehde beendet, ohne die Parteien wirklich zu befrieden.

Würzburg in der ottonisch-salischen Reichskirche

Unterfranken in ottonischer Zeit

König Otto I. (936–973) wurde 962 König des langobardisch-italienischen Reiches und ließ sich vom Papst zum Kaiser krönen. Damit nahm das Heilige Römische Reich seinen Anfang. Otto weilte oft in Franken und besuchte alleine die Pfalz Salz bei Neustadt an der Saale viermal. Zu Würzburger Bischöfen machte Otto Geistliche, die wohl alle in der Reichskanzlei gedient hatten. Das Bistum Würzburg verdankte vor allem Otto II. (reg. 973–983) zahlreiche Hoheitsrechte und Schenkungen, die sein Territorium arrondierten. Andererseits musste Bischof Heinrich I. (reg. 995/6–1018) hinnehmen, dass König Heinrich II. (reg. 1002/14–24) mit Bamberg im Jahr 1007 ein neues Bistum errichtete, das großenteils aus Würzburger Gebiet herausgeschnitten wurde. Fortan war dessen Einfluss auf das Land westlich des Steigerwaldes zurückgedrängt.

Zu einer Säule der Macht der Würzburger Bischöfe sollten die Klöster im Bistum werden. Ihnen unterstand anfangs nur das Andreaskloster zu Füßen des Marienberges. Von Bischof Berowelf war 795/800 St. Gumbert in Ansbach erworben worden. Ebenfalls aus karolingischer Zeit stammte (Frauen-)Schwarzach am Main, aus dem nach 877 Münsterschwarzach wurde. Relativ kurzlebig war das Frauenkloster in Karlburg. Die anderen frühen Klöster standen unter königlichem Schutz oder waren adelige Eigenklöster. Auf ein Klostersterben in der späten Karolingerzeit setzte mit Unterstützung der Bischöfe im späten 10. Jh. eine Neubelebung klösterlicher Kultur im Bistum Würzburg ein. Bischof Hugo (reg. 983–990) erneuerte das Andreaskloster in Würzburg. Juristisch unkorrekt, aber den Methoden seiner Zeit gemäß, erhielt Bischof Bernward (reg. 990–995) von Otto III. (reg. 983/996–1002) im Jahr 993 mit Unterstützung von gefälschten Urkunden die Klöster

Amorbach, Neustadt a. M., Homburg a. M., Murrhardt und Schlüchtern „zurück". Zur Sicherheit (?) ließ er sich unter Benutzung einer echten Urkunde Ludwigs des Deutschen das an sich unstrittige Kloster Münsterschwarzach bestätigen. Ähnlich suchten seine Nachfolger diesen klösterlichen Besitz von Otto III., Heinrich II. und Konrad II. (reg. 1024–39) bestätigt zu bekommen, und banden ihn damit stets ein wenig fester an Würzburg. Damit einher gingen Neugründungen wie Stift Haug und St. Stephan in Würzburg sowie neue Klosterkirchen in Amorbach, Schlüchtern und Münsterschwarzach.

Vertreter dieser Klosterpolitik waren Persönlichkeiten wie Theoderich, Konventuale des Reformklosters Fleury, der 1010 bis 1018 in Amorbach lebte. Abt Alapold aus St. Emmeram in Regensburg reformierte 1001 im Auftrag von Bischof Heinrich I. Münsterschwarzach. Als Ausfluss dieser neuen geistlichen Kultur dürfen ferner die Neubelebung der Würzburger Domschule und das neu erwachte Interesse an der Geschichtsschreibung gewertet werden. Vielleicht in St. Stephan entstand mit dem *Chronicon Wirceburgense* eine bis 1057 reichende Weltchronik. Unter den Historikern ragen der als Domscholaster von 1108/09 bis 1120 tätige Schotte David und Abt Ekkehard (1108–25) aus Kloster Aura hervor.

Die Schweinfurter Fehde von 1003

Schon vor der Jahrtausendwende waren die Schweinfurter Markgrafen im bayerischen Nordgau sowie am oberen Main – etwa in Banz, in Schweinfurt oder in Heidenfeld – umfassend begütert. Ihre Machtansprüche eskalierten 1003 in der „Schweinfurter Fehde". Markgraf Hezilo († 1017) hatte den Aufstieg des bayerischen Herzogs Heinrich IV. und seine Erhebung zum König als Heinrich II. im Jahr 1002 in Mainz stets unterstützt. Von Heinrich zunächst darin bekräftigt, sah er sich als dessen Nachfolger in der Würde des bayerischen Herzogs. Schon 1002 hatte er sich Thietmar von Merseburg zufolge um die Belehnung mit diesem Herzogtum bemüht. Heinrich vertröstete ihn bis nach dem Königsumritt. Als sich

Der Traum des hl. Martin. – Sandsteinrelief aus der ehemaligen Benediktinerabteikirche in Neustadt am Main (Lkr. Main-Spessart), 1. Hälfte 12. Jh.

Hezilo zunehmend getäuscht sah, verbündete er sich im August 1003 mit dem polnischen Herzog Boleslav Chrobry zu einer kriegerischen Fehde mit Heinrich II. im bayerischen Nordgau. Als Kampforte sind die Burgen Sulzbach sowie die in Ammerthal (Lkr. Amberg-Sulzbach), Creußen (Lkr. Bayreuth), Kronach und schließlich Schweinfurt überliefert. Nach seiner Niederlage flüchtete Markgraf Hezilo zu seinem polnischen Verbündeten. Seine Mutter Eilica soll die ihr als Witwensitz dienende Schweinfurter Burg nur dadurch vor der Zerstörung gerettet haben, dass sie drohte, sich mit der Burgkirche verbrennen zu lassen. Der besiegte Hezilo wurde schließlich auf der Burg Giebichenstein gefangen gehalten, aber bereits 1004 begnadigt. Lag das Machtzentrum des Markgrafen vor 1003 in der heutigen Oberpfalz, scheint es danach auf die Schweinfurter Burg verlegt worden zu sein, wo er 1017 begraben wurde. Die bayerische Herzogswürde aber war an Heinrichs Schwager, Graf von Luxemburg, gegangen.

Als letzte aus dem Geschlecht der Markgrafen schenkte Alberada ihr Kloster Heidenfeld 1069 an Bischof Adalbero von Würzburg. Wohl 1071 bestimmte sie ihre Güter in Banz zur Gründung eines Benediktinerklosters und übertrug es, obwohl im Bistum Bamberg gelegen, ebenfalls dem Bischof von Würzburg.

Bischof Bruno und der salische Dom in Würzburg

1034 wurde Bruno von Kärnten, ein Vetter des salischen Kaisers Konrad II. (reg. 1024–39), Bischof von Würzburg (reg. 1034–45). Er pflegte die Nähe zum König und zog mit Heinrich III. (reg. 1039/46–56) gegen die Ungarn, wo er in Persenbeug zu Tode kam. Der Initiative des Bischofs wird die ab 1040 erbaute salische Anlage des Würzburger Doms verdankt. Der Bau wurde im Westen mit der Doppelturmfront und der Vorhalle sowie zugleich im Osten mit der Krypta begonnen. Unter Brunos Nachfolgern wohl verändert weitergeführt, wird der Dom in einer Quelle von 1133 bereits als ruinös beschrieben. Bei den Arbeiten im Langhaus taucht ein Baumeister Enzelin auf. 1188 wurde der unvollendete Dom geweiht. Eine weitere Bauphase unter Bischof Hermann von Lobdeburg (reg. 1225–53) galt vor allem den Chorbauten und dem Querschiff.

Das Bistum Würzburg während des Investiturstreits

Die prägende Persönlichkeit in der zweiten Hälfte des 11. Jhs. war der Bruno nachfolgende Bischof Adalbero (reg. 1045–90). Anfangs hob er sich durch seine Reformanstrengungen ab. So berief Adalbero aus der Abtei Gorze in Lothringen den Mönch Egbert († wohl 1076) nach Münsterschwarzach, der das Kloster nach den Regeln der Junggorzer Reform erneuerte und eine nach ihm benannte Basilika errichtete. Von Schwarzach aus wurde dann die Benediktinerabtei im österreichischen Lambach reformiert, wo sich die Burg von Adalberos Vater befand. 1057 folgte St. Stephan in Würzburg. Weitere Stätten des Wirkens von Egbert waren St. Burkard in Würzburg, Neustadt am Main und das Bamberger Michaels-Kloster sowie einige Abteien in Österreich und Sachsen.

Auf dem Höhepunkt des Investiturstreits, in dem Kaiser und Papst um das Recht der Einsetzung von geistlichen Würdenträgern rangen, zeichnete sich Adalbero als Anhänger der

Linie Papst Gregors VII. (reg. 1073–85) aus. Er beteiligte sich an der Absetzung Heinrichs IV. (reg. 1056–1106) und betrieb 1077 in Forchheim die Wahl Herzogs Rudolf von Rheinfelden zum Gegenkönig. 1085 wurde Adalbero von Gregor VII. selbst abgesetzt. Schließlich musste er das Bistum Würzburg aufgeben und starb 1090 im Exil im väterlichen Lambach.

Einige seiner Anhänger gründeten unter Führung des Domherrn Gerung das Augustinerchorherrenstift in Triefenstein am Main. Der von Heinrich IV. eingesetzte Bischof Emehard von Comburg-Rothenburg (reg. 1089–1105) bestätigte das gegen ihn errichtete Stift und beschenkte es ebenso wie das Stift Lambach. In seiner Außenpolitik suchte Emehard mal die Nähe zu Papst Urban II., dann wieder zum Kaiser.

Die Wirrungen des Investiturstreits steigerten sich unter dem von Kaiser Heinrich IV. (reg. 1056–1106) eingesetzten Bischof Erlung (reg. 1105–21). Der letzte salische Kaiser Heinrich V. (reg. 1106–25) vertrieb Erlung aus Würzburg. Dennoch stellte der sich auf die Seite des Kaisers und wurde dafür von Papst Paschalis II. (reg. 1099–1118) zeitweise suspendiert. Heinrich V. beauftragte Erlung, Verhandlungen mit der in Köln versammelten Mehrheit der deutschen Reichsfürsten zu führen. Danach brach der Bischof mit dem gebannten Heinrich V. und schloss sich dessen Gegnern an. Zu Ende seines Lebens versöhnte sich Bischof Erlung wieder mit dem Kaiser und erhielt 1120 das Richteramt für Ostfranken übertragen – ein wichtiger Meilenstein auf dem Weg zu einer herzogsähnlichen Stellung der Würzburger Bischöfe.

Heinrich V. ernannte vermutlich im Februar 1122 Graf Gebhard von Henneberg zu Erlungs Nachfolger. Parallel dazu wählte das Domkapitel Rugger, Propst des Neumünsters, zum Bischof, der aber bereits 1125 starb. Trotzdem konnte sich Gebhard als Bischof nicht durchsetzen und gab 1127 seine Ansprüche auf das Würzburger Amt (zunächst) auf.

Die Staufer-Zeit

Würzburgs Blütezeit im 12. Jahrhundert

Das 12. Jh. gilt – ab dem Ende des Investiturstreits 1122 – als Höhepunkt für Würzburg und das ganze Bistum. Im deutschen Reich ohne Hauptstadt wurde die Metropole am Main für die staufischen Könige und Kaiser zu einer Art regionalem Stützpunkt in der nach dem Tod Kaiser Heinrichs VI. im Jahr 1197 ausgebrochenen Auseinandersetzung mit den Welfen.

Bereits der erste Stauferkönig Konrad III. (reg. 1138–52) weilte 17 Mal in Würzburg. Von Friedrich I. Barbarossa (reg. 1155–90) sind 18 Besuche bekannt. In Bischof Gebhard von Henneberg (reg. 1150–59) hatte er einen treuen Vasallen. Als Barbarossa 1156 Beatrix, die reiche Erbin des Königreiches Burgund, heiratete, feierte der Kaiser die Hochzeit in Würzburg.

Zu kaum einer anderen Zeit waren die Würzburger Bischöfe so intensiv durch den Dienst für das Reich mit den Kaisern verbunden, und kaum jemals wurden die finanziellen Ressourcen ihres Bistums derart bis zur Überschuldung belastet. Umgekehrt dürften zu keiner Zeit mehr Notare und Kleriker aus Würzburger Stiften im Dienste der Reichskanzlei tätig gewesen sein. Was lag daher näher, als für die Zukunft zu sorgen?

Die „gülden freyheit" von 1168

1120 hatten die Würzburger Bischöfe das Richteramt für Franken erhalten. Auf ihren Münzen präsentierten sie sich seit Embricho (reg. 1122–46) als *dux*, als Herzog. Dennoch fehlte die kaiserliche Legitimation dafür. 1167 bot sich die Chance: Eine Ruhrepidemie hatte vor Rom das deutsche Heer sowie zahlreiche Bischöfe und Große dahingerafft. Barbarossa zog sich fluchtartig nach Norden zurück und erreichte in jeder Hinsicht geschwächt vor Jahresende Würzburg. Das nutzte

Kaiserliches Siegel aus Gold an der als „gülden freyheit" bezeichneten Urkunde, in der Kaiser Friedrich Barbarossa dem Bischof von Würzburg 1168 den Titel eines Herzogs zu Franken verlieh.

Bischof Herold (reg. 1165–71) und ließ aus drei echten, nach ihrer „Auswertung" zerstörten Urkunden einen neuen Text formulieren und die Originalsiegel auf ein gefälschtes Diplom übertragen. Dieses legte er Barbarossa auf dem Würzburger Hoftag Ende Juni 1168 vor.

Vor seiner Unterschrift änderte der Kaiser freilich die Urkunde in einem entscheidenden Punkt: Er bestätigte dem Bischof zwar die volle Gewalt in Bistum und Herzogtum Würzburg sowie in allen darin gelegenen Grafschaften, nicht aber im Herzogtum Ostfranken. So steht es in der Reinschrift des Notars Wortwin († 1198), die mit einem Siegel (Bulle) des Kaisers aus purem Gold versehen wurde. Jetzt erst waren die Urkunde und die ausgesprochenen Privilegien diplomatisch korrekt: Zu Recht bezeichnete Lorenz Fries, der Würzburger Chronist des 16. Jhs., diese verfassungsrechtlich bedeutende Urkunde als „gülden freyheit".

Obwohl Würzburg den Titel eines Herzogs zu Franken stets überinterpretierte und langfristig nur in seinem eigenen Hochstift durchsetzen konnte, gab er den Bischöfen eine herausragende Stellung. Diese konnten bis zum Ende des Alten Reiches kein Markgraf und kein Herzog von Weimar wirklich streitig machen. Mit Friedrich II. (reg. 1212–50) verwendete ein weiterer Stauferkaiser in zwei Urkunden von 1220 und 1231 erstmals die Worte *domini terrae* (Territorialherr): Der Bischof wurde damit immer mehr zum Herrn über das Land, das er vom König als jederzeit kündbares Lehen empfangen hatte.

Die Mainbrücke in Würzburg

Heute wie damals unterstreichen Bauwerke Macht und Einfluss der jeweils Herrschenden: In Würzburg war es die wohl auf Anregung des Bischofs Embricho von der Stadtgemeinde unter der Führung von Meister Enzelin vor 1133 errichtete steinerne Brücke über den Main, ein gewaltiges Werk mit einer Länge von 179 m und acht Pfeilern, auf denen bis zu 15 m Spannweite überwölbende Bögen lasteten. Mit der Brücke knüpfte man an die technologischen Leistungen der Spätantike an. Dabei verband man nicht nur die an beiden Ufern des Mains gelegenen Teile der Stadt, sondern gab dem gesamten Hochstift eine neue Infrastruktur: Nun endlich konnten Menschen und Waren sicher und unabhängig von Wetter und Jahreszeit über den Fluss gelangen. Die an der Straße von Nürnberg nach Frankfurt gelegene Brücke zog zudem den Verkehr an und generierte Zolleinnahmen.

Für lange Zeit war dieser Bau die einzige steinerne Brücke über den Main in weitem Umkreis. Ochsenfurt nimmt für sich in Anspruch, dass es dort gleichzeitig eine hölzerne Brücke über den Fluss gegeben haben soll; belegt ist eine Steinbrücke freilich erst seit 1254. In Kitzingen gibt es eine Steinbrücke seit 1300 und in der Reichsstadt Schweinfurt existierte eine Brücke aus Holz erst um 1400. Wenn es also einen Maßstab für die Bedeutung Würzburgs als Zentralort im 12. und 13. Jh. gegeben hat, dann war es die steinerne Mainbrücke.

Die von Meister Enzelin vor 1133 errichtete steinerne Brücke über den Main in Würzburg ist die älteste ihrer Art in Franken.

Der „Kampf um den Main" im 13. Jahrhundert

Der Würzburger Historiker Otto Meyer sah den „Kampf um den Main" als wesentliches Merkmal des späten Mittelalters in Franken an. Parallel zum Niedergang der Königsherrschaft suchten zahlreiche Mächte Zugang zum Main zu bekommen. Während des Interregnums im dritten Viertel des 13. Jhs. sicherten sich die Grafen von Hohenlohe für Jahrzehnte in und um Kitzingen Ansprüche. König Rudolf von Habsburg (reg. 1273–91) erlangte mit Schweinfurt 1282 eine Reichsstadt am Fluss. Andere Versuche hatten nur kurz Bestand oder scheiterten im Anfangsstadium: Heidingsfeld war von 1367 bis zur endgültigen Eingliederung in das Hochstift Würzburg 1508 böhmische Königsstadt, aber nie Reichsstadt.

Der Main half als Transportweg mit Zoll und Stapelrechten die Würzburger Ansprüche in der Region zu festigen. Dennoch musste Bischof Hermann von Lobdeburg (reg. 1225–54) die Politik der Mainzer Erzbischöfe aus dem Hause Eppstein im Blick haben. Sie hatten seit dem späten 10. Jh. in Aschaffenburg am Untermain Fuß gefasst und strebten nach der Ausbreitung ihrer Macht. Seit dem Ende des 13. Jhs. war das

Mainviereck fest in mainzischer Hand. Dies ging zu Lasten der Grafen von Rieneck, die sich zuletzt mit der Burg Rieneck im Sinn-Tal begnügen mussten. Den Grafen von Wertheim mit ihrem Stammsitz an der Mündung der Tauber in den Main gelang es dagegen, mit dem Bau einer Höhenburg im späten 12. Jh. eine Art Riegel zwischen Mainz und Würzburg zu schieben.

Der Deutsche Orden besaß mit Prozelten und Mainberg für einige Zeit Standorte am Main. Daneben suchten die Grafen von Henneberg von Südthüringen aus über das Grabfeld an den Main zu gelangen. Ihnen gehörte die Burg Mainberg, bevor sie diese 1542 mit Würzburg gegen Meiningen tauschten. Die Seinsheim bzw. die Schwarzenberg sicherten sich in Marktbreit ihren Anteil am Main und Marktsteft einige Kilometer flussaufwärts gehörte den Ansbacher Markgrafen.

Der größte Coup aber war den Markgrafen 1443 geglückt, als sie die Stadt Kitzingen am Main von dem notorisch klammen Würzburg gegen Zahlung einer ordentlichen Pfandsumme erhielten. Fast 200 Jahre besaß Ansbach diesen wichtigen Brückenkopf am Main. Dass es Würzburg 1629 mitten im Dreißigjährigen Krieg gelang, diese Pfandschaft einzulösen, war in der langfristigen Planung der Markgrafen gewiss nicht vorgesehen gewesen.

Die Grafen von Castell konnten sich im Mittelalter um Volkach am Main etablieren, mussten die Stadt aber spätestens 1481 zu einem großen Teil an Würzburg abgeben. Die fränkische Reichsritterschaft hatte ihre Sitze meist in den Randgebieten des Bistums, im Spessart, in den Haßbergen, im Grabfeld oder im Steigerwald. Nur den Fuchs von Dornheim respektive den Herren von Crailsheim scheint es 1320 mit Mainsondheim gelungen zu sein, gegenüber von Dettelbach am Fluss Fuß zu fassen.

Auch die Klöster versuchten sich gerne am Main niederzulassen. Darunter befanden sich alte und zeitweise bedeutende Anlagen wie in Neustadt, Triefenstein, Kitzingen oder Münsterschwarzach. Da es sich dabei um dem Würzburger Bischof als Landesherrn unterstellte Klöster handelte, stärkten sie eher dessen Macht, als dass sie eine Gefahr für ihn bedeuteten.

Frömmigkeit und Geistesleben im Spätmittelalter

Einzug und Aufstieg der neuen Orden

Im 12. und 13. Jh. zogen neue Reformorden in das Bistum ein. Als Filiation der französischen Primarabtei Morimond wurde 1127 das Zisterzienserkloster Ebrach im Steigerwald gegründet. Obwohl „in Tal und Einsamkeit" gelegen, führte eine bedeutende Straße, die heutige B 22, von Bamberg nach Würzburg mitten durch das Kloster. Schenkungen frommer Adeliger ließen Ebrach zu einem der reichsten Klöster im Bistum Würzburg werden; es gibt kaum eine größere Stadt in Franken, die nicht einen Hof des Klosters in ihren Mauern gehabt hat.

Immer wieder wollte Ebrach die Herrschaft des Bischofs abschütteln und reichsunmittelbar werden, was aber nie gelang. Die meisten Würzburger Bischöfe ihrerseits suchten noch im Tod die Zisterze an sich zu binden und ließen – vermutlich ab Bischof Siegfried (reg. 1147–53) – ihre Herzen dort bestatten.

Die Teufel als Wohltäter

Zu den vielen Wohltätern Ebrachs zählte die Würzburger Patrizierfamilie Teufel. Überliefert ist ein Konrad Teufel, der als Konverse (Laienbruder) in das Kloster eintrat. Ihrem Geld verdankten die Teufel das Recht, in der Zisterze bestattet zu werden. Daher sind in Ebrach nicht nur der Teufel (Konrad, † 1348), sondern auch seine Mutter (Mathilde, † 1333) begraben. In der Eingangshalle des Landratsamtes Kitzingen befindet sich ein Steinrelief aus der Mitte des 14. Jhs., auf dem der Ebracher Konverse „CVNROD" mit seinen leiblichen Brüdern „WOLFLEIN" und „RVDIGER" als Wohltäter des Spitals in Kitzingen dargestellt ist.

Die Brüder Teufel, Stifter des Kitzinger Spitals. – Steinrelief, Mitte 14. Jh.

Der Prämonstratenserorden vereinte klösterliches Leben und Seelsorge in der Gemeinde und siedelte sich deshalb in der Nähe von Städten an. Nach einem Besuch des Ordensgründers Norbert von Xanten 1226 in Würzburg stifteten die Brüder Johannes und Heinrich ihren Besitz in der Zellerau im Westen der Stadt zur Gründung eines Klosters. Anfangs war es ein Doppelkloster; erst Mitte des 13. Jhs. zogen die Nonnen in das nahe Unterzell. Außer in Würzburg gab es zahlreiche weitere Prämonstratenserklöster, wie das 1135 von den Henneberger Grafen gegründete Veßra und das vor 1138 entstandene Tückelhausen bei Ochsenfurt.

Während der Kreuzzüge gründeten die Ritterorden Niederlassungen. 1179 findet sich im Spital St. Oswald ein Beleg für die Johanniter in Würzburg. Mit Hilfe Barbarossas wurde vor 1182 die Kommende Reichardsroth nahe Rothenburg gegründet. Im Lauf des 13. Jhs. entstanden weitere, darunter vor 1262 die in der Anlage eines Bauernhofs noch immer ablesbare Kommende Biebelried. Außerdem gilt es die 1315 gegründete Johanniterburg Kühndorf am Fuß des Dolmar zu erwähnen.

Kirchen als Zeugen der Kreuzzüge

In den abgelegenen Winkeln zwischen Main und Tauber, zwischen dem Erzstift Mainz und dem Bistum Würzburg, gibt es einige Kirchen, die durch ihren polygonalen Grundriss auffallen und bei denen daher Einflüsse aus dem Heiligen Land vermutet werden: Zu den ältesten Bauten zählt St. Sigismund in Oberwittighausen, das schon wegen seiner Skulpturen am Portal hervorsticht. Zerstört ist die Michaelskapelle in Gaurettersheim. Die Kapelle in Grünsfeldhausen erinnert an den Zentralbau der Grabeskirche von Jerusalem. Die kurz vor oder nach 1200 erbaute Kapelle ist dem hl. Achatius von Armenien geweiht, dessen Verehrung vor allem während der Kreuzzüge geblüht hat. Bei der Ulrichskapelle von Standorf vermutet man Konrad von Hohenlohe als Erbauer, der 1228/29 am Kreuzzug teilnahm. Zu nennen ist ferner der um 1200 von dem Mainzer Edelfreien Beringer auf der Gamburg oberhalb des gleichnamigen Ortes an der Tauber nach Heimkehr vom Kreuzzug errichtete romanische Saal. Die „Barbarossa-Fresken" gelten als die ältesten derartigen Wandbilder nördlich der Alpen.

Vielerorts begegnet man den ab 1213 errichteten Häusern des Deutschen Ordens, wie der Deutschhauskirche in Würzburg. Sie erinnert zudem an den ehemals dort befindlichen königlichen Hof. Schloss Mainberg bei Schweinfurt zeugt ebenso vom Deutschen Orden wie der Stadtteil „Deutschhof". Im tauberfränkischen (Bad) Mergentheim gelang es dem Deutschen Orden ab 1219, eine größere Herrschaft zu erwerben. Die Stadt wurde zur Ordenszentrale und Residenz des Hochmeisters. Zu erinnern ist ferner an Niederlassungen in Hüttenheim, Heilbronn (gegen 1225), Münnerstadt (vor 1241), Horneck (um 1255), Rothenburg o. d. T. (1258), Neubrunn (1290) oder Virnsberg (1294/95).

Im 13. Jh. breiteten sich die Bettelorden in der Diözese aus. Den Anfang machten die Franziskaner 1221 in Würzburg. Bald darauf gründeten hier die Dominikaner ihr erstes Kloster in Süddeutschland. Dort hielt sich der Gelehrte und Bischof von Regensburg Albertus Magnus (um 1200–80) länger auf.

Es ist nur andeutungsweise möglich, die weiteren Niederlassungen der Beginen, Karmeliten, Augustiner-Eremiten, Serviten und anderer Orden zu erwähnen. 1328 siedelten die ersten Kartäuser in Grünau im Spessart, denen Kartausen in Tückelhausen bei Ochsenfurt (1351) und Engelgarten bei Würzburg sowie in Astheim (1409) und Ilmbach (1453) folgten. An Letzteres erinnert seit der Säkularisation nur noch ein Portal an einem Bauernhaus in Gräfenneuses.

Dichter und Minnesänger

Das Bild des 13. Jhs. wäre ohne Dichtung und Minnesang nicht vollständig. Wolfram von Eschenbach († um 1220) stammt aus dem Ort gleichen Namens in Mittelfranken. Er verfasste einen Teil seines Parzival wohl auf der Wildenburg bei Amorbach. Walther von der Vogelweide (um 1170–um 1230) soll seine letzten Jahre im Stift Neumünster in Würzburg verbracht haben und dort im Lusamgärtchen begraben worden sein.

Zu den Dichtern aus Franken zählt Otto von Botenlauben († 1244). 1220 vom Kreuzzug heimgekehrt, stiftete er mit seiner Frau Beatrix von Courtenay 1231 das Zisterzienserinnenkloster Frauenroth in der Rhön. Dort befindet sich das für die Kunst des 13. Jhs. bedeutende Doppelgrabmal der beiden. In Eßfeld bei Ochsenfurt hat Reimar von Zweter († um 1260) sein Grab gefunden.

Nach der Mitte des 13. Jhs. lebte der Spruchdichter Süßkind von Trimberg aus dem gleichnamigen Ort. Angeblich Jude, wäre er als Lyriker eine Ausnahmeerscheinung in der Dichtung seiner Epoche gewesen. 1265 starb Magister Heinrich der Poet, der Scholaster des Neumünsters war. Von Basel aus hat Konrad von Würzburg (1220/30–87) in seiner „Goldenen Schmiede“ seiner Heimatstadt die rühmenden Verse gewidmet:

„Ein stat lit in Frankenlant,
Wirceburc ist sie genant,
mit rîcher kunst erbûwen wol,
eres und guotes ist sie vol.“

Aufstieg der Städte

Der Aufstieg der Städte kennzeichnet das späte Mittelalter. Zwischen Bischof, Geistlichkeit und Adel sowie den Bauern am Boden der sozialen Pyramide etablierte sich eine neue bürgerliche Schicht in den Städten, die aufgrund ihres durch Handel und Gewerbe erarbeiteten Wohlstandes nach politischer Teilhabe verlangte.

Schweinfurt befreite sich in der zweiten Hälfte des 13. Jhs. von den Bischöfen von Würzburg und den Grafen von Henneberg. Anders als Rothenburg oder gar Nürnberg, konnte die Reichsstadt nie ein größeres Territorium ausbilden. Sie blieb stets von den Würzburger Fürstbischöfen abhängig und überlebte wahrscheinlich nur deshalb bis 1803, weil sie nach 1648 keine größeren Ambitionen mehr entwickelt hat.

Kaiser Karl IV. (reg. 1355–78) musste sich nach seiner Wahl von seinen Stammlanden in Luxemburg durch feindliches Terrain nach Frankfurt und Prag in sein böhmisches Königreich geradezu „schleichen". Da war es gut, sich „Trittsteine" auf diesem Weg zu verschaffen, was den zeitweiligen Aufstieg von Städten wie Mainbernheim, Prichsenstadt oder Heidingsfeld und Homburg am Main begünstigte.

Spätestens seit Bischof Hermann I. von Lobdeburg (reg. 1225–54) hatte Würzburg immer wieder versucht, zu einer freien, von der Kirche unabhängigen Reichsstadt zu werden. Aber der Erfolg war meist nur von kurzer Dauer: 1396 schloss es sich mit 14 weiteren Städten im Hochstift zu einem auf fünf Jahre befristeten Städtebund zusammen. Gegen eine größere Summe erhielten die Würzburger 1397 von König Wenzel die Reichsfreiheitsurkunde, die allerdings die althergebrachten Rechte des Fürstbischofs ausdrücklich garantierte. 1399 widerrief Wenzel die Urkunde. Parallel dazu schränkte Fürstbischof Gerhard von Schwarzburg (reg. 1372–1400) die Rechte der Stadt merklich ein. Als die hungernden Bürger an die fürstbischöflichen Getreidevorräte in Bergtheim nördlich von Würzburg gelangen wollten, kam es am 11. Januar 1400 zur Schlacht. Dabei besiegte der Fürstbischof mit seinem Heer das städtische Aufgebot. Rund 1.000 Würzburger sollen gefallen

Das 1605 bis 1614 nach Plänen von Georg Ridinger für den Mainzer Erzbischof Johann Schweickard von Kronsberg errichtete Aschaffenburger Schloss ist ein Gründungsbau des Barock in Deutschland.

sein, 2.000 wurden gefangen und über 40 Jahre musste die Stadt dem Fürstbischof Schadensersatz leisten.

Johann von Egloffstein (reg. 1400–11) folgte Schwarzburg nach. Er befreite Würzburg vom Interdikt (Verbot gottesdienstlicher Handlungen) und organisierte die Steuereinnahmen neu. Insbesondere sorgte er für eine konsequente Verschriftlichung der Verwaltungsvorgänge. Der von ihm 1402 gegründeten Universität erlaubte er eine eigene Gerichtsbarkeit und Regelung ihrer Einkünfte. Wegen der Schulden des Hochstifts erhöhte er die Steuern und zog dazu Domkapitel und Klerus heran. Als sich diese wehrten, ließ der Fürstbischof 1408 sogar 13 Kleriker verhaften. Dadurch unbeliebt geworden, überrascht es fast nicht, dass er 1411 in Forchheim einem Giftmord zum Opfer fiel.

Als Nebenresidenz der Erzbischöfe von Mainz erhielt Aschaffenburg im Laufe des Mittelalters zunehmende Bedeutung. Seit dem ausklingenden 10. Jh. wurde vor allem das Stift St. Peter und Alexander mehr und mehr an das Mainzer Domkapitel angebunden. Das 1122 bereits als *castrum antiquum* bezeichnete Schloss wurde unter Erhalt des Bergfrieds zwischen 1605 und 1614 nach den Plänen des Straßburger Baumeisters Georg Ridinger zu einer frühbarocken Vierflügelanlage ausgebaut.

In den Städten spielten während des späten Mittelalters reiche Bürger eine immer wichtigere Rolle. Sie begannen durch ihr soziales Engagement den Adel abzulösen. Von den Wohltaten der Brüder Teufel für Ebrach und Kitzingen Mitte des 14. Jhs. war bereits die Rede. Gleichzeitig lebte in Würzburg die Familie von Steren. Vermutlich Johannes von Steren († 1329) gründete vor 1316 dort das noch immer bestehende Bürgerspital. 1366 schenkte Kunigunde Esel in Schweinfurt dem Karmeliterorden eine Nikolauskapelle, um ein Kloster zu erbauen. Zu erinnern ist an das 1416 von Martin von Seinsheim 1416 gestiftete Almosen: 20 Paar Schuhe und 20 Röcke wurden jährlich an vermögenslose „Hausarme" in Würzburg verteilt. Das Grabmal des 1434 verstorbenen Stifters hat sich in der Würzburger Marienkapelle – der Kirche der Bürger – erhalten.

Reformation und Bauernkrieg

Krisen am Ausgang des Mittelalters

Den Ausgang des Mittelalters prägten heftige Krisen. Häufig gab es gegen die Juden gerichtete Pogrome. Darunter war das von Röttingen 1298 unter Führung von „König Rintfleisch" sich ausbreitende Massaker an den Juden in Franken, der Oberen Pfalz und Teilen Altbayerns. Nach einer Pestwelle, die Mitte des 14. Jhs. 6 Mio. Menschen dahingerafft hatte, lebten insbesondere die ärmeren Schichten in ständiger Sorge vor Krankheit, Hunger und Not. Seit der Eroberung Konstantinopels durch die Osmanen 1453 zeichneten Kirche und weltliche Herrschaft das Bild einer ständigen Gefahr durch die „Türken". In der Tat wurden die Angriffe des zuletzt bis Wien vordringenden türkischen Heeres erst mit den großen Schlachten des ausklingenden 17. Jhs. durch Prinz Eugen gebannt.

Kirche und Adel hatten sich an der Spitze einer aus ihrer Sicht von Gott so gewollten Hierarchie eingerichtet. Neben diversen von den Betroffenen vielfach als willkürlich empfundenen Abgaben und Steuern entdeckte die Kirche zudem den sogenannten Ablasshandel als einträgliche Einnahme. Den Gläubigen wurde vorgegaukelt, durch den Erwerb von Ablasszetteln Vergebung für ihre Sünden zu erhalten. Befördert wurde dieses Geschäft noch durch den verbreiteten Aberglauben, dass um 1500 das Ende der Welt bevorstehe. Auf der anderen Seite war diese Epoche geprägt von gewaltigen Neuerungen. Johannes Gutenberg entwickelte um 1450 den Druck mit beweglichen Lettern und löste damit eine Medienrevolution aus. 1492 entdeckte Christoph Kolumbus Amerika und schuf die Grundlagen für ein völlig neues Bild unserer Welt. Vor 1512 baute der Nürnberger Peter Henlein die erste am Körper tragbare Uhr. Das, was ein Albrecht Dürer, ein Adam Kraft oder ein Veit Stoß der bildenden Kunst an Impulsen gegeben haben, die bis in unsere Zeit nachwirken, sei nur erwähnt.

Ansicht von Würzburg mit der Festung Marienberg. – Altkolorierter Holzschnitt aus Hartmann Schedels Weltchronik, Nürnberg 1493.

Als Ausdruck der Unsicherheit jener Zeit lässt sich das tragische Schicksal von Hans Böhm, einem Schafhirten und Musikanten aus Niklashausen, anführen. Nachdem ihm die Jungfrau Maria erschienen sei und ihm aufgetragen habe zu predigen, verbrannte das „Pfeifferhänsle“ im März 1476 seine Instrumente, mit denen er vorher auf bäuerlichen Festen aufgespielt hatte. Binnen weniger Wochen sollen sich bis zu 70.000 Pilger auf den Weg ins abgelegene Taubertal nach Niklashausen gemacht haben. Böhm predigte nicht nur einen völligen Ablass von den Sünden, sondern forderte gleichen Besitz für alle, Verweigerung von Frondienst, Zoll und Zehnten, freie Jagd und freien Fischfang für jeden. Das konnte der Würzburger Fürstbischof Rudolf II. von Scherenberg (reg. 1466–95) nicht hinnehmen. Er ließ Böhm als Ketzer und Volksaufwiegler verhaften und am 19. Juli 1476 auf dem Schottenanger in Würzburg verbrennen. Seine Asche wurde im Main verstreut.

Diese grausame Aktion, die wie ein Wetterleuchten des Bauernkrieges von 1525 respektive der Reformation erscheinen mag, verdunkelt das Bild Scherenbergs. Geboren 1401 als Sohn einer im Steigerwald ansässigen Familie, avancierte er von 1457 bis 1459 zum Generalvikar. Ungeachtet seines für damalige Verhältnisse hohen Alters von 65 Jahren wurde er als Nachfolger Johanns III. von Grumbach 1466 zum Fürstbischof von Würzburg gewählt. Trotzdem gelten die rund 30 Jahre seiner Regierung als erfolgreich. Er sanierte die Finanzen des Bistums und suchte den Ausgleich mit den Nachbarn, insbesondere mit Bamberg. Einer seiner stärksten Gegner war Albrecht Achilles (1414–86) aus dem Hause Hohenzollern. Der Markgraf von Ansbach und Kulmbach wurde 1470 Kurfürst von Brandenburg. Als dieser eine „Pfaffensteuer“ eingeführt hatte, erwirkten Scherenberg und sein Bamberger Amtsbruder Philipp von Henneberg gegen ihn Kirchenbann und Interdikt. In dem ohne eigentlichen Sieger endenden Bayerischen Krieg von 1459 bis 1463 suchte der Markgraf seine Macht gegenüber Ludwig dem Reichen, Herzog von Bayern und Landshut, zu erweitern. Dabei griffen die beiden fränkischen Bischöfe auf bayerischer Seite militärisch ein. Ein Jahr nach Scherenbergs Tod 1495 schuf Tilman Riemenschneider dessen Grabmal im Würzburger Dom. Das Monument aus

Der Fränkische Reichskreis

Der Reichstag zu Augsburg 1500 teilte Deutschland in sechs Kreise ein, die bis 1512 auf zehn erweitert wurden. Der Fränkische Reichskreis mit der Nr. 1 umfasste die Gebiete der Fürstbischöfe von Bamberg, Würzburg und Eichstätt, des Deutschen Ordens in Mergentheim, der Markgrafen von Ansbach und Bayreuth, der Grafen und Herren sowie der Reichsstädte. Nicht dazu gehörten die kurmainzischen Territorien um Aschaffenburg sowie die fränkische Reichsritterschaft. Eine erste Zusammenkunft des Fränkischen Kreises fand 1517 in der Reichsstadt Schweinfurt statt. Im Zentrum des Handelns standen die gemeinsamen Sicherheitsinteressen. Abgesehen von einem allenfalls allgemeinen „fränkischen" Bewusstsein, blieben die im Fränkischen Kreis verbundenen Gebiete bis zum Untergang des Alten Reiches 1806 in ihrem politischen Handeln selbstständig.

Adneter Marmor stellt wegen der ungebrochenen geistigen Präsenz des greisen Bischofs einen Höhepunkt spätmittelalterlicher Kunst dar.

Tilman Riemenschneider

Der um 1460 in Heiligenstadt im Eichsfeld geborene Bildschnitzer Tilman Riemenschneider leistete am 7. Dezember 1483 in Würzburg den Eid als Geselle. Wir wissen nicht, wo er zuvor gelernt und bei welchem Meister er damals in Würzburg gearbeitet hat. Vermutlich Anfang 1485 heiratete er Anna Schmit, Witwe eines Goldschmiedemeisters. In dem von seiner Frau eingebrachten Hof „zum Wolfmannsziechlein" in der Franziskanergasse richtete er seine Werkstatt ein. Der Zeitpunkt war günstig, denn es gab in Würzburg außer ihm nur die Bildhauer Ulrich Hagenfurther und Michael Weyß, die um 1500 verstarben. In Riemenschneiders Werkstatt lassen sich zwischen 1490 und 1524 insgesamt 26 Gesellen belegen. Unter den Lehrknaben befand sich der wohl 1515 in die Werkstatt eingetretene Sohn Jörg. Nach rund zehn Jahren wurde Meister Til zum Vorsteher der Lukasbruderschaft gewählt. 1504 gelangte er in den Rat der Stadt und avancierte 1520 zum Bürgermeister. 1525 widersetzte er sich gemeinsam mit einigen Stadträten der Forderung des Fürstbischofs, gegen die aufständischen Bauern vorzugehen. Deswegen wurde er nach Scheitern des Aufruhrs auf der Festung „vom hencker hart gewogen und gemartert". Offenbar wog seine Schuld jedoch gering und er kam am 8. August 1525 frei. Riemenschneider musste Urfehde schwören, sein Vermögen wurde teilweise eingezogen. Ferner wurde er aus dem Rat ausgestoßen. 1531 starb der Bildhauer. Die Erinnerung an ihn scheint danach rasch verblasst zu sein. Erst als 1822 bei Straßenarbeiten auf dem Gebiet des einstigen Friedhofs der Dompfarrei in Würzburg sein Grabstein entdeckt worden war, begann Riemenschneiders Name neu zu erstrahlen.

Sein frühestes, archivalisch gesichertes Werk ist der Hochaltar der Pfarrkirche St. Magdalena in Münnerstadt von 1490.

Tilman Riemenschneiders Trauernde Maria („Acholshäuser Madonna"). – Lindenholz mit alter, teilweise übergangener Fassung, um 1505.

Hauptstück ist die von Engeln gen Himmel getragene hl. Magdalena. Riemenschneider verfeinerte seine Schnitzarbeit so, dass eine farbige Fassung nicht mehr notwendig war. Im Holz bildete er „die leisesten Regungen der Oberfläche“ ab, auf der sich „das atmende Auf und Ab der lebendigen Haut ahnen lässt“ (von Freeden, 1954). Dennoch fasste der aus Nürnberg geflohene Veit Stoß rund zehn Jahre nach Vollendung des Altars die Figuren farbig. 1831 wurde der Altar auseinandergerissen. Die hl. Magdalena gelangte in die Sammlung Sattler nach Schloss Mainberg bei Schweinfurt und von dort 1901 in das Bayerische Nationalmuseum. Riemenschneider hatte sie 1491 den Würzburger Räten für die „zierlich und meisterlich“ zu verfertigenden Figuren von Adam und Eva am Südportal der Marienkapelle empfohlen. Das jugendliche Urelternpaar bedeutete den endgültigen Durchbruch des Bildhauers. Überall an Main und Tauber war seine Kunst gefragt.

1499 übertrug man ihm sogar das Prunkgrab für das heilige Kaiserpaar Heinrich und Kunigunde im Bamberger Dom. 1501 begann er, am Retabel des Heiligblut-Altars für Rothenburg zu arbeiten. Bald reihte sich in seinem Œuvre Altar an Altar. Nicht alles ist erhalten. So muss uns die in ihrem Schmerz nahegehende Trauernde Maria aus Acholshausen in den Sammlungen des Museums für Franken darüber hinwegtrösten, dass Kruzifix und Evangelist Johannes der zugehörigen Kreuzigung untergegangen sind. Von ähnlicher Empfindsamkeit im Ausdruck ist die späte Madonna im Rosenkranz in der Volkacher Wallfahrtskirche „Maria im Weingarten“. Sie mag eine Arbeit der Werkstatt sein und zeugt doch vom gestaltenden Geist des Bildschnitzers. Bereits an der Schwelle einer neuen Zeit stehend, hat Riemenschneider noch einmal die ganze Kraft gotischer Kunst in seinem Œuvre vereint.

Der Aufstand des „gemeinen Mannes" 1525

Die milde Lieblichkeit der Madonnen von Riemenschneider kann nicht darüber hinwegtäuschen, dass er in einer Krisenzeit lebte: Während sich das Bürgertum durch Geld oder Bildung als Finanzier und Ratgeber der Mächtigen zunehmend Einfluss zu verschaffen wusste, blieb dies den Bauern verwehrt. Die aufgestaute gefährliche Mischung aus sozialen und religiösen Problemen entlud sich ab dem 20. April 1525 im ganzen Bistum Würzburg. Im Odenwald, an der Tauber oder nahe der Zisterze Bildhausen nördlich von Münnerstadt empörten sich Bauern und Unzufriedene, die eine Spur der Verwüstung hinterließen. 20 Klöster und 60 Burgen sollen dem nur wenige Wochen währenden Aufstand zum Opfer gefallen sein. Dabei wurde noch manche andere Rechnung aufgemacht: In Iphofen nutzten die Bürger, wie andernorts auch, die Gunst der Stunde und zerstörten das nahe gelegene Augustinerkloster in Birklingen. Dort sahen sie wegen der erfolgreichen Wallfahrt eine massive wirtschaftliche Bedrohung ihres Städtchens.

Eigentliches Ziel der Bauern aber war die Burg auf dem Marienberg in Würzburg. Sie durfte als Symbol fürstbischöflicher Herrschaft von den Aufständischen nicht erobert werden. Der zunächst dem Humanismus zugewandte Fürstbischof Konrad II. von Thüngen (reg. 1519–40) war mit seinem Marschall Heinrich Truchseß von Wetzhausen (1488–1548) nach Heidelberg geflüchtet, wo er die militärische Hilfe des Kurfürsten Ludwig von der Pfalz und des Schwäbischen Bundes organisierte. Zum Verteidiger der Marienburg machte er seinen Oberhofmeister Sebastian von Rotenhan (1478–1534). Der Ritter bereitete die Burg mit rund 250 erfahrenen Kämpfern aus den Reihen der Reichsritterschaft sorgfältig vor: Er legte Vorräte an, ließ ringsum die Bäume fällen und planierte einen Garten, damit die anstürmenden Bauern keine Deckung finden konnten.

Mäßigende Stimmen, wie die des Wendelin Hipler, der den Odenwälder Haufen zu Verhandlungen drängte, hatten im Frühling 1525 keine Chance. Manche Adeligen, wie Graf Georg II. von Wertheim (reg. 1521–30), Götz von Berlichingen (um 1480–1562) aus dem Jagsttal oder Florian Geyer von Giebelstadt (um 1490–1525), zogen mit den Bauern, ohne die verwegenen Haufen wirklich führen zu können. Schlecht organisiert, vielfach nur mit Sensen oder Knüppeln bewaffnet und ohne größere Kenntnisse in der Bedienung schwerer Geschütze, vereinigten sich der Taubertaler und der Odenwälder Haufen um den 5./6. Mai 1525 und zogen nach Würzburg.

Opfer der Bauern

Unter den Verteidigern der Burg auf dem Marienberg während des Aufstandes war Graf Wolfgang zu Castell (1482–1546). Sein Schicksal steht exemplarisch dafür, wie 1525 die Fronten quer durch die Familien verliefen, denn er war mit Martha, der Schwester des Wertheimer Grafen Georg II. verheiratet, der mit den Bauern die Würzburger Burg belagerte. Graf Wolfgang musste miterleben, wie die Bauern Anfang Mai 1525 die Stollburg oberhalb des Handthals, wo er als Würzburger Amtmann seinen Sitz hatte, zerstörten. Das Gleiche geschah am Tag darauf mit der Stammburg in Castell. Gräfin Martha aber wurde mit ihren Kindern aus der Burg gejagt.

Der Leidenhof in Kitzingen, wo Markgraf Kasimir von Brandenburg-Ansbach 1525 nach Niederschlagung des Bauernkrieges 60 Kitzinger Bürgern die Augen ausstechen ließ. Neubau des alten Kornhauses 1545. Fotografie von 1957.

Dort schloss sich ihnen auf Druck der Bevölkerung der dortige Rat an. Ab dem 14. Mai 1525 beschossen die Aufständischen die Burg mit ihren Geschützen, fügten ihr aber keine entscheidenden Schäden zu. Ein Angriff in der Nacht vom 15. auf den 16. Mai wurde unter großen Verlusten mit vielen Toten abgewiesen; das am Fuß der Festung gelegene Stift St. Burkard ging dabei in Flammen auf. Vom 17. Mai an beschossen die Bauern die Burg fast zwei Wochen lang. Von der Festung wurde das Feuer erwidert und in den Stellungen der Bauern sowie in der Stadt großer Schaden angerichtet. Die Geschütze der Bauern litten zunehmend unter Ausfällen und bald fehlte das Pulver. Endlich gaben sie die Belagerung auf und warfen sich den von Süden nahenden Truppen des Schwäbischen Bundes entgegen, was in einem Blutbad endete: Georg Truchseß von Waldburg (1488–1531), wegen seiner Grausamkeit „Bauernjörg“ genannt, schlug mit seinem aus Landsknechten rekrutierten Entsatzheer die Bauern am 2. Juni bei Königshofen im Taubertal vernichtend. Dabei sollen 4.000 Bauern getötet worden sein. Weitere 5.000 sollen bei Sulzdorf und Giebelstadt am 8. Juni gefallen sein. Bereits am Tag zuvor hatte sich die Stadt Würzburg ihrem Fürstbischof ergeben müssen.

Das Strafgericht des aus dem Heidelberger Exil zurückgekehrten Konrad II. von Thüngen und der anderen Sieger war grausam. Überall wurden echte oder vermeintliche Rädelsführer öffentlich hingerichtet. Am 9. Juni 1525 ließ Markgraf Kasimir von Brandenburg-Ansbach (1481–1527) 60 Kitzinger Bürgern die Augen ausstechen und aus der Stadt weisen. Der Ort des Geschehens trägt noch immer den Namen Leidenhof. Auch in Schweinfurt und Rothenburg fanden viele Hinrichtungen statt. Bis zum Beginn des 19. Jhs. hat es niemand mehr gewagt, die von der Obrigkeit gesetzte Ordnung in Frage zu stellen. Die zerstörten Klöster wurden häufig nicht wieder erbaut und ihr Besitz fiel an den Landesherrn. Viele Burgen blieben Ruinen, da sich ihre adeligen Besitzer von den Reparationsleistungen lieber repräsentative neue Schlösser errichten ließen.

Reformation in Unterfranken

In dieser Zeit wandten sich viele Martin Luther (1483–1546) zu, der die Unabhängigkeit der Kirche vom Papst in Rom propagierte und gar von der Freiheit des Christen predigte. Die alte Kirche konnte bisher mit der Hölle drohen, wenn man Gottes (und der Menschen) Gebote übertrat. Hier machte Luther tatsächlich frei, wenn er verkündete, dass nicht unsere Werke, sondern nur die Gnade Gottes über Himmel oder Hölle entschieden.

Der Reformator wurde im April 1518 im Augustinerkloster in Würzburg von Fürstbischof Lorenz von Bibra (reg. 1495–1519) empfangen, der ihn als „rechtschaffen“ Mann lobte. Bibra riet anschließend Kurfürst Friedrich dem Weisen, Luther nicht zum Papst nach Rom ziehen zu lassen. Er sprach sogar die Empfehlung aus, sollte „Euer Lieb ihn nicht lenger darff behalten, so schicke ihn mir zu; er sol mir ein lieber Gast sein".

Mancher politische Pragmatiker sah mit Luther die Chance, seinen Herrn loszuwerden. Graf Georg II. von Wertheim ließ sich bereits 1522 einen lutherischen Prediger schicken. Zum Fürstentag 1532 hatte Kurprinz Johann Friedrich von Sachsen seinen Hofprediger Georg Spalatin nach Schweinfurt mitgebracht. Dieser predigte am Ostersonntag 1532 vor der Liebfrauenkirche erstmals im Geiste Luthers und pflanzte den Samen für die Annahme der Reformation 1542. Schweinfurt musste vorsichtig agieren und durfte den Fürstbischof nicht mehr als notwendig verärgern. Dennoch zog die Reichsstadt mit der Reformation die Hoheit über die Inhalte der Bildung an sich. 1542 verkauften die Grafen von Henneberg das Amt des Reichsvogtes, also des Stellvertreters des Kaisers in der Reichsstadt, an den Landgrafen Philipp von Hessen. Da half es nicht viel, dass Fürstbischof Konrad von Bibra (1540–44) im Jahr 1542 mit Graf Wilhelm IV. von Henneberg-Schleusingen das vormals hennebergische Amt Mainberg mit seinem Bergschloss gegen das Amt Meiningen am Rande des Hochstifts tauschte. Das katholische Würzburg hatte damit zwar eine Art Bollwerk vor den Toren der protestantischen Reichsstadt und konnte den Main in Richtung Bamberg kontrollieren. Aber wohin man auch sah: Gochsheim, Sennfeld oder Schwebheim waren allesamt evangelisch, und bereits 1544 wurde Meiningen ebenfalls reformiert.

Mit den Städten und Dörfern traten viele Angehörige des ritterschaftlichen Adels zum neuen Glauben über. Sie waren fortan Herr im Dorf und hatten das Kirchenpatronat. Seitdem geht der konfessionelle Riss manchmal quer durch die Familien: In einigen Schlössern trennt bis heute nur eine Mauer den katholischen vom evangelischen Teil des Besitzes.

Nachgeborene Söhne und Töchter evangelischer Adeliger fanden fortan kein Unterkommen mehr in den katholischen Klöstern und Stiften und orientierten sich nach Ansbach oder in andere protestantische Gebiete. Umgekehrt lockten solche Vakanzen katholische Adelsfamilien, wie die Schönborn, die Franckenstein oder die letztlich glücklosen Wolfsthal nach Würzburg oder Bamberg.

Markgräflerkriege (1553/54)

Erste Versuche einer katholischen Reform blieben im Bistum Würzburg zunächst in den Anfängen stecken. Sogar ein Konzil richtete wenig aus: Konrad von Thüngen konnte 1537 wegen seines hohen Alters nicht nach Mantua fahren, wo die Versammlung hätte stattfinden sollen. Konrad von Bibra (1540–44) war ebenfalls nicht sehr reisefreudig und ließ sich entschuldigen. Sein Nachfolger Melchior Zobel (1544–58) erhielt 1545 eine weitere Einladung zum Konzil nach Trient. Er hatte 1521 in Wittenberg und Leipzig studiert, was seinen katholischen Reformeifer offenbar nicht förderte. Er sandte denn auch zum Konzil nur einen Vertreter ohne Stimmrecht. Eine Diözesansynode von 1548 brachte allenfalls vage Ergebnisse, und Zobel lavierte zwischen den Fronten, ohne sich festzulegen. Dennoch berief er im selben Jahr den protestantischen Greifswalder Professor Michael Beuther zum fürstbischöflichen Rat.

Damals hätte der machthungrige Markgraf Albrecht II. Alcibiades von Brandenburg-Kulmbach (reg. 1541–54) den von Würzburg reklamierten fränkischen Herzogstitel gerne an das Haus Hohenzollern gebunden. Der Rauf- und Saufbold war ständig in Händel verwickelt, die Zobel in Würzburg in arge Bedrängnis brachten. Alleine weil der Kaiser die Ansprüche des Markgrafen nicht anerkannte, konnte Zobel erfolgreich dagegenhalten.

Schwer traf es die Reichsstadt Schweinfurt im Markgräflerkrieg 1553/54, der gegen die Hochstifte Bamberg und Würzburg sowie die Reichsstadt Nürnberg gerichtet war. Der Markgraf verschanzte sich in der Stadt und terrorisierte von da aus die Umgebung. Als er aber in Schweinfurt selbst belagert wurde, floh er 1554 über den Main und wurde bei Schwarzach vernichtend geschlagen. An der Reichsstadt rächten sich die Bauern aus der Umgebung für die durch den Markgrafen erlittene Drangsal, indem sie sie über eine Woche brandschatzten und plünderten. Prominentestes Opfer war die aus dem italienischen Ferrara stammende, gelehrte Ehefrau des Stadtarztes Dr. Andreas Grundler, Olympia Fulvia Morata (1526–55), die mit knapper Not „diesem brand und blünderung im hembt daruon und nach Hammelburgk kommen“ konnte.

Indirekt ging die Saat des Albrecht Alcibiades nach seinem Tod doch auf: Der in dessen Diensten gestandene Ritter Wilhelm von Grumbach (1503–67) aus Rimpar überzog Würzburg immer wieder mit alten Forderungen. 1558 brachte er Fürstbischof Zobel in seine Gewalt, der von Christoph Kretzer, einem der Helfer Grumbachs, ermordet wurde. Während der folgenden Grumbach'schen Händel überfiel der aufständische Ritter 1563 erneut Würzburg und wurde dafür mit der Reichsacht bestraft. Unter großer öffentlicher Anteilnahme wurde er 1567 in Gotha hingerichtet.

Die Echter-Zeit

Katholische Reform unter Wirsberg

Luthers Erfolge und eine sich auflösende öffentliche Ordnung zwangen die Würzburger Fürstbischöfe zum Handeln. Neben einer nach festen Prinzipien regierenden Obrigkeit brauchte es eine gut ausgebildete Verwaltung und glaubensfeste Kleriker. Es brauchte Kirchen und Schulen, die mehr als nur Ruinen waren und in denen qualifizierte Lehrer die Kinder unterrichteten. Es brauchte aber auch ein staatliches Sozialsystem, das den Schwachen in der Not Hilfe und Schutz bot.

Friedrich von Wirsberg (reg. 1558–73) war der erste Fürstbischof, der diese Reform anpackte. Er konnte wegen der Grumbach'schen Händel nicht persönlich am Konzil von Trient (1561–63) teilnehmen, sorgte aber für die Umsetzung der Beschlüsse. Weniger erfolgreich war 1561 die Gründung eines Gymnasiums, an dem weltliche Lehrer unterrichteten. Gegen den Widerstand aus dem Domkapitel gründete Wirsberg 1567 ein Jesuitenkolleg in Würzburg. Bischofsheim an der Rhön wurde gegen 1570 wieder katholisch. Zwei Jahre später kehrten das Zisterzienserkloster Bildhausen sowie Bauern aus dem Dorf Hörblach wieder in den Schoß der alten Kirche zurück.

Echters Misserfolg in Fulda

Zu Wirsbergs Nachfolger wählte das Würzburger Domkapitel 1573 mit angeblich der knappsten „Mehrheit" von 11 von 22 Stimmen den gerade 29-jährigen Julius Echter (reg. 1573–1617). Der 1545 in Mespelbrunn im Spessart geborene Echter war die große Hoffnung Roms. Als Fürstbischof packte er sofort anstehende Probleme an. Dank einer nachdrücklich betriebenen Ordnung der Finanzen konnte er zu einem Hauptvertreter der Gegenreformation weit über sein eigenes Bistum hinaus werden. Sein tatkräftiges, bisweilen rigoroses Vorgehen in Glaubens-

und Machtfragen verschaffte ihm dabei nicht nur Freunde; in der Ritterschaft war er verhasst. Schlecht war sein Ruf bei den Juden, und die Hexenprozesse trugen dazu bei, dass bis heute nur ein zwiespältiges Bild von dem zweifelsohne bedeutenden Würzburger Kirchenfürsten gezeichnet werden kann.

In seine ersten Regierungsjahre fiel ein veritabler Misserfolg: Echter legte sich mit der Fürstabtei Fulda im Norden an, die seit der Karolingerzeit über Exklaven im Würzburger Gebiet verfügte. Zugleich überschnitt sich im Grenzbereich vielfach die weltliche Gewalt Fuldas mit der geistlichen Würzburgs. Unklare Machtverhältnisse hatten mit dazu geführt, dass nahezu die gesamte Bevölkerung in Fulda protestantisch geworden war. 1570 war Balthasar von Dernbach zum Fürstabt gewählt worden, nachdem er wieder zum katholischen Glauben übergetreten war. Mit Hilfe Echters und der Jesuiten wollte Dernbach sein Hochstift rekatholisieren. Er stieß auf so heftigen Widerstand von Untertanen und protestantischen Nachbarn, dass seine Absetzung drohte. Echter versuchte, die Situation durch eine Verbindung Würzburgs mit Fulda zu entschärfen, die Dernbach jedoch ablehnte. Mit Unterstützung der protestantischen Stände in Fulda ließ Echter Dernbach in Hammelburg einkerkern und erzwang Mitte 1576 dessen Abdankung.

Nachdem Dernbach auf Mainzer Gebiet flüchten konnte, setzte im ganzen Reich ein Sturm der Empörung ein. Sogar der Papst drohte Echter mit Exkommunikation, wenn er sich nicht zurückziehe. Fulda kam unter kaiserliche Verwaltung und Echter musste einen Prozess vor dem Reichshofrat austragen, den er 1602 verlor: Er leistete Schadenersatz und Dernbach erhielt sein Amt als Fürstabt zurück. Das missglückte Fuldaer Unternehmen hat Echter viel Geld gekostet und seine Reputation schwer beschädigt.

Sozialreformen und Würzburger Universität

Geradezu fundamental aber waren Echters Maßnahmen in der Sozialfürsorge. Als Auslöser gelten Berichte von 1575, wonach mitten in Würzburg viele Arme aus Krankheit oder Hunger auf den Straßen verstorben seien und das Seelhaus voll besetzt gewesen sei. Bedeutendstes Beispiel für Echters Wohlfahrtspflege ist das 1576 gegründete Juliusspital in Würzburg mit seiner klosterähnlichen Verfassung von 1579. 1580 konnte er bereits die Spitalkirche weihen. Natürlich gab es zuvor schon einige derartige Häuser: So ist das vor 1316 gegründete Würzburger Bürgerspital zum Heiligen Geist älter, aber nichts reichte an die Universalität und Größe des Juliusspitals heran. Wie später bei der Neugründung der Universität, säkularisierte Echter zur Finanzierung marode oder im Aussterben befindliche Klöster, wie etwa Heiligenthal bei Schweinfurt. Dessen Besitz bildete von Beginn an die wirtschaftliche Basis des Juliusspitals. Echter beschränkte seine Wohlfahrtspflege aber nicht alleine auf Würzburg: 1601 gründete er das Bürgerspital in Rothenfels. Nach diesem Muster folgten weitere bis hin zum Spital zum Heiligen Geist in Haßfurt (1616).

Nachhaltig erfolgreich waren auch andere seiner Projekte: Als geistiges Zentrum der Gegenreformation gründete Echter 1582 mit Unterstützung jesuitischer Professoren die Würzburger Universität neu. Er errichtete für sie von 1586 bis 1591 ein von Wolf Behringer nach Plänen des Georg Robin erbautes Kollegiengebäude und eine Kirche mitten in der Stadt. In dieser Kirche ließ er, entgegen einer langen Tradition, sein Herz nach seinem Tod 1617 bestatten; diese Metapher sagt viel über die besondere Verbindung der Universität mit ihrem Stifter aus. Gemeinsam mit dem reorganisierten Konvikt seines Vorgängers Wirsberg wurde die Universität für Echter zu einem der wichtigsten Instrumente der Gegenreformation. Während sie ein Solitär im Bistum blieb, gründete er in dem aufgelassenen Augustinerkloster in Münnerstadt ein weiteres Gymnasium.

Daneben galt seine Fürsorge der Burg auf dem Marienberg, die er in mehreren Etappen zu einer Renaissance-Residenz ausbaute. Die diversen seit dem 13. Jh. errichteten Bauten zwang er durch die Ordnung von Fenstern und Bedachungen zu einem einheitlichen Erscheinungsbild zusammen. Im Inneren prägte er der mittelalterlichen Rundkirche den Stempel seiner Zeit auf und vergrößerte sie um einen repräsentativen

Chor. Für den Altar ließ er Vasa Sacra, also liturgisches Gerät, und ein mit Bergkristallen verziertes Kreuz sowie entsprechende Leuchter beschaffen. Ferner errichtete er ein neues Brunnenhaus und trug eine weithin berühmte Bibliothek zusammen. Zugleich verstärkte er nach Plänen des Nürnberger Werkmeisters Jakob Wolff das mittelalterliche Scherenbergtor durch die vorgelagerte Bastei für schwere Geschütze – sie trägt bis heute Echters Namen – um einen großen Hof. Das säulenbewehrte Portal ziert seit 1606 die Figur eines Erzengels Michael von Michael Kern, der den Luzifer zu seinen Füßen mit einer Lanze ersticht. Der Engel repräsentiert den katholischen Glauben, der den sich dagegen auflehnenden Luzifer aus Würzburg vertreibt.

Gegenreformation ab 1587

Julius Echter hat ab 1587 seine Untertanen vor die „Wahl" gestellt, zum katholischen Glauben zurückzukehren oder das Hochstift zu verlassen. Viele sind tatsächlich wieder katholisch geworden, sehr viele aber sind in den folgenden Jahren als Exulanten in benachbarte evangelische Städte ausgewandert. Nicht immer mag dabei die reine Glaubensnot die alleinige Ursache gewesen sein. Es fällt auf, dass unter den Exulanten zahlreiche Angehörige der oberen Schichten gewesen sind. Für den Kaufmann und älteren Bürgermeister von Würzburg Balthasar Rüffer sen. (1534–99) mochte der Wegzug manche Unannehmlichkeit mit sich gebracht haben, existenziell war er nicht. Er zog mit Familie nach Schweinfurt und verhalf der Stadt mit anderen Glaubensflüchtlingen zu einem wirtschaftlichen Aufschwung nach den Zerstörungen des Markgräflerkrieges (1553/54). Obwohl man es angesichts der Rigorosität Echters in Glaubensfragen kaum vermutet, verhielt er sich gelegentlich durchaus pragmatisch: So beschäftigte er protestantische bildende Künstler, Ärzte oder Juristen bzw. holte sich deren Rat ein.

Dreimal – 1582, 1601 und 1604 – schien die Möglichkeit greifbar, dass Echter zum Fürsterzbischof in Mainz und damit zum Kanzler des Heiligen Römischen Reichs gewählt werden würde. Das mag ihn gereizt haben, die ihm angetragene Kardinalswürde lehnte er jedoch ab – wie es scheint übrigens aus Rücksichtnahme auf seine protestantischen Nachbarn.

Echter als Bauherr

Beharrlich zog Echter in seinem Hochstift Würzburg Stadt um Stadt und Dorf um Dorf wieder auf die Seite des katholischen Glaubens. Bei den Kirchen achtete er darauf, dass wenigstens deren Chorräume über steinerne, also feuersichere Gewölbe verfügten und entweder aus der Gotik stammten oder in gotisierenden Bauformen neu errichtet wurden. Die Gotik scheint für ihn der letzte Baustil gewesen zu sein, der alleine dem katholischen Glauben gedient hat. Bei den Langhäusern war er weniger konsequent. Hier mischten sich nach Gelegenheit und Belieben Details der Nachgotik mit den Formen einer späten Renaissance.

Die 1614 bis 1616 auf Betreiben von Fürstbischof Julius Echter erbaute Pfarrkirche von Markt Bibart war mit ihrem spitzen Pyramidenhelm ein katholisches Signal gegen die umgebenden evangelischen Herrschaften.

Keinesfalls kann man bei den von Julius Echter errichteten Kirchen einen eigenen Stil behaupten. Er setzte (nach)gotische Formen vor allem aus kirchenpolitischen und nicht aus künstlerischen Erwägungen ein. Stets erhielten die von ihm in seiner Regierungszeit neu errichteten Kirchen Türme mit hohen, spitzen Pyramidenhelmen, den sogenannten Echter-Nadeln. Aber das hatte weniger mit Stil als mit dem, was wir heute „Marketing“ nennen, zu tun: Er verfügte damit über eine Form, die im Land davon kündete, dass dieser Ort katholisch ist. Nachzulesen war das in an den von ihm errichteten Gebäuden angebrachten Inschriftentafeln, in denen er seine Leistung als Bauherr und Verteidiger des katholischen Glaubens wortmächtig darzustellen wusste.

Mitglied der Katholischen Liga

Echter hat das krisenhafte Potential seiner Zeit im Auge behalten, ohne freilich noch größeren Einfluss darauf nehmen zu können. Franken war nicht nur politisch zergliedert: Den Hochstiften Würzburg, Eichstätt und Bamberg standen die Markgrafschaften Ansbach und Bayreuth sowie die Reichsstadt Nürnberg gegenüber, von den kleineren Reichsstädten, der Reichsritterschaft oder dem Deutschen Orden gar nicht zu reden. Zur politischen war noch die konfessionelle Spaltung getreten. Hier formte sich die Protestantische Union und dort bildete sich die Katholische Liga, der Echter 1609 beigetreten war. Zufall oder nicht: Markgraf Joachim Ernst von Brandenburg-Ansbach sammelte 1610 im Namen der Union gegen Straßburg und Passau Truppen und quartierte sie provokativ auch im Hochstift Würzburg ein. Nürnberg, Schweinfurt und Rothenburg warben daraufhin vorsichtshalber auch Soldaten.

In dieser aufgeheizten Stimmung erbeuteten markgräfliche Söldner bei Aub die Würzburger Gepäckwagen auf dem Weg nach München zur Versammlung der Liga und damit Echters Beitrag in Höhe von 52.000 Gulden. Das hätte der Funke am Pulverfass eines Kriegs sein können, aber die Liga konnte sich nicht zum Vorgehen gegen die Union durchringen. Obwohl das Hochstift 40.000 Musketiere unter Waffen hielt, war dies für eine größere Auseinandersetzung zu wenig. Weil keine Partei in der Lage war, Krieg zu führen, schlossen sie am 24. Oktober 1610 eine auf beiderseitige Abrüstung bedachte Vereinbarung. Trotz großen Konfliktpotentials war damit der Ausbruch eines Krieges vorläufig gebannt. Mit dem Tod Julius Echters 1617 geriet, so scheint es, Franken für eine kurze Spanne etwas aus dem Fokus der großen Politik.

Der Dreißigjährige Krieg in Franken

Philipp Adolf von Ehrenberg

Zu seinem Nachfolger wählte das Würzburger Domkapitel den Bamberger Fürstbischof Gottfried von Aschhausen (reg. 1617–22) und vereinte die Bistümer zum ersten Mal in Personalunion. Aschhausen war schon sein Kandidat gewesen, genauso wie dessen Nachfolger in Würzburg, Philipp Adolf von Ehrenberg (reg. 1623–31), der Echters Neffe war. Ehrenberg setzte die gegenreformatorische Politik seiner Vorgänger fort. Vor allem löste er 1629 das seit 1443 an Brandenburg-Ansbach verpfändete Kitzingen gegen den Widerstand der Markgrafen und der Bewohner der Stadt wieder ein. Würzburg schuf sofort Tatsachen und besetzte alle wichtigen Stellen in der Stadt mit Katholiken. Innerhalb eines Jahres verließ mehr als ein Viertel der Bevölkerung Kitzingen und zog in evangelische Gebiete. Am Ende kam jedoch alles ganz anders: Als Folge des Westfälischen Friedens von 1648 und wegen volkswirtschaftlicher Erwägungen gewährte Johann Philipp von Schönborn (reg. 1642–73) Kitzingen im „Gnadenprivileg" von 1650 eine doppelkonfessionelle Stellung, die Katholiken und Protestanten eine gleichberechtigte Religionsausübung erlaubte.

Die Hexenprozesse erlebten unter Fürstbischof Ehrenberg (reg. 1626–31) ihren Höhepunkt. Begonnen hatte der Spuk bereits in der Zeit Echters, von dem die neuere Forschung annimmt, dass er eine wenig aktive Rolle gespielt hat. Auf dem Höhepunkt zwischen 1626 und 1630 bezichtigte jeder jeden der Hexerei. Wer einem Beschuldigten beistehen wollte, lief Gefahr, selbst angeklagt zu werden. Im Hochstift Würzburg sollen rund 900 Personen, darunter auch Adelige, Geistliche und sogar Kinder, nach grausamer Folter hingerichtet, also zumeist verbrannt worden sein. 20 % davon sollen Priester und Ordensleute gewesen sein. Fürstbischof Johann Philipp von

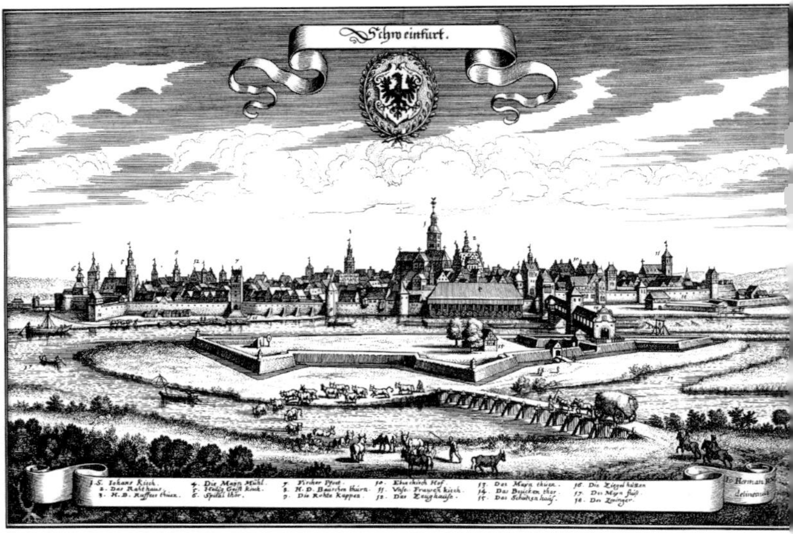

Die Reichsstadt Schweinfurt von Süden. – Stich aus der Topographia Franconiae von Matthäus Merian nach einer Vorzeichnung von Johannes Hermann, 1646/48.

Schönborn (reg. 1642–73) konnte die Hexenprozesse eindämmen, aber noch 1749 wurde die Nonne Maria Renata Singer aus Kloster Unterzell als letzte Hexe im Bistum Würzburg hingerichtet und anschließend verbrannt.

Die Schweden in Franken

Obwohl anfangs kein Kampfplatz, wurde Franken zunehmend in den 1618 ausgebrochenen Dreißigjährigen Krieg hineingezogen. Truppendurchzüge und Einquartierungen verwüsteten das Land mehr und mehr. Im Oktober 1631 eroberten die Schweden die Grenzfestung Königshofen: Erstmals spürte das Hochstift unmittelbar die Schrecken des Krieges. Fürstbischof Franz von Hatzfeld (reg. 1631–42) floh nach Frankfurt und später nach Köln, wo er erfolglos mit Kardinal Richelieu und der Katholischen Liga bezüglich militärischer Hilfe verhandelte. Der in Würzburg ausharrende fürstbischöfliche Rat Joachim Ganzhorn hatte die undankbare Aufgabe, ihn gegenüber den Schweden zu vertreten.

Inzwischen eroberten die schwedischen Truppen in einer Art „Blitzkrieg“ am 16. Oktober 1631 die als uneinnehmbar geltende Festung auf dem Marienberg. Sie hinterließen dort rund 700 Tote. Das fürstbischöfliche Silber, alles was an Geld und Pretiosen auf die Festung in Sicherheit gebracht worden war, die Bibliothek Echters und manches andere wertvolle Stück wurden zur Kriegsbeute der Schweden.

Obwohl sie nach Eroberung der Festung nur auf wenig Widerstand stießen, wurden von den kaum noch zu disziplinierenden Militärs allerorts Pfarrhöfe und Kirchen geplündert oder geschändet. Der Pfarrer von Altenmünster Liborius Wagner starb als Märtyrer nach der Folter durch die schwedische Soldateska. Noch 1631 zogen sie in Aschaffenburg ein.

Nur die protestantische Reichsstadt Schweinfurt sollte eine bevorzugte Rolle einnehmen: Der Schwedenkönig Gustav Adolf förderte sie mit zusätzlichen Einkünften zum Ausbau ihrer Mauern. Außerdem sollte die Stadt ein Gymnasium Academicum zur Ausbildung der evangelischen Elite erhalten.

Die „Leopoldina" in Schweinfurt

1652 gründeten die vier Ärzte Johann Laurentius Bausch (1605–65), Johann Michael Fehr (1610–88), Georg Balthasar Metzger (1623–87) und Georg Balthasar Wohlfahrt (1607–74) in Schweinfurt die „Deutsche Akademie der Naturforscher Leopoldina". Sie stellt sich bis heute die Aufgabe „die Natur [...] zum Wohle der Menschen" zu erforschen. Die Akademie konnte zeitweise alle akademischen Grade in der juristischen, medizinischen und philosophischen Fakultät verleihen. Bis 1877 wechselte sie ihren Sitz mit dem Wohnort des jeweiligen Präsidenten. 1878 wurde Halle zum ständigen Sitz bestimmt. Bis heute ist die „Leopoldina" Sammelpunkt der naturwissenschaftlichen Forschung. 2008 wurde sie zur Nationalen Akademie der Wissenschaften in Deutschland ernannt.

Der Tod des Königs in der Schlacht bei Lützen am 6. November 1632 löste die hochfliegenden Pläne jedoch rasch in Luft auf.

Im Juni 1633 erhielt Herzog Bernhard von Weimar von dem schwedischen Reichskanzler Axel Oxenstierna die zum Herzogtum Franken vereinigten Hochstifte Würzburg und Bamberg als schwedisches Lehen. Dieser setzte seinerseits seinen Bruder Herzog Ernst den Frommen als Statthalter ein. Im Würzburger Dom predigte fortan der Generalsuperintendent Christoph Schleupner evangelisch und trieb die Protestantisierung Frankens voran. Die schwedische Zwischenregierung konnte sich nicht lange halten, die schwedische Armee wurde am 6. September 1634 in der Schlacht bei Nördlingen vernichtend geschlagen. Marodierende Soldaten aller Couleur überschwemmten in der Folge Franken und verübten teilweise furchtbare Gräuel, diesmal zumeist in den protestantischen Orten.

Binnen Wochen vertrieben kaiserliche Truppen unter General Piccolomini die Schweden aus vielen besetzten Orten und eroberten am 14. Oktober 1634 die Stadt Würzburg wieder. Am 23. Dezember kehrte Fürstbischof Hatzfeld aus dem Exil in seine Residenzstadt zurück. Erst am 15. Januar 1635 kapitulierte auch die schwedische Besatzung auf der Festung Marienberg. In den folgenden Jahren des Dreißigjährigen Krieges war Franken nicht mehr Schauplatz größerer Kampfhandlungen.

Die Schönborn-Zeit

Fast so etwas wie ein „Wirtschaftswunder"

Als Folge des Krieges starben ganze Orte aus, in anderen dezimierten Seuchen, wie z. B. die Pest, die Bevölkerung. Eine schwedische Liste addiert für Franken 47 Schlösser, 26 Städte, 313 Dörfer auf, die Opfer des Krieges geworden waren. Hinzu kam der Hexenwahn. Über Jahre waren Ackerbau und Viehzucht behindert, und das wenige, was tatsächlich geerntet werden konnte, wurde von den Kontributionen der wechselnden Kriegsparteien oder von marodierenden Soldaten geplündert. Handwerk und Handel lagen ebenfalls darnieder. Die schlechte Witterung der „Kleinen Eiszeit", die Europa vom Ende des 15. bis zum letzten Drittel des 17. Jhs. fest im Griff hatte, tat ein Übriges. Wenn man die Schäden dieses Krieges überhaupt beziffern kann, so ist die Rede von einer Summe, die dem Wert von 22 Tonnen Gold entspricht. Am Ende gab es keine Sieger, und die religiös verbrämten machtpolitischen Ursachen, die den Krieg ausgelöst hatten, waren weiter ungelöst, bestenfalls waren sie vertagt, weil das Land schlicht ausgeblutet war.

1642 wurde mit Johann Philipp († 1673) erstmals ein Angehöriger des Hauses Schönborn zum Fürstbischof von Würzburg gewählt. Mit ihm setzte eine über 100 Jahre währende Epoche ein, die zu Frankens besseren Zeiten gezählt werden darf. Sein Ziel war zunächst die Beendigung des Krieges. Da er wohl wusste, dass er als Regent eines kleinen Hochstifts wie Würzburg im Konzert der Großen wenig ausrichten konnte, suchte er den Kontakt mit Frankreich. Das zahlte sich insofern aus, als Johann Philipp 1647 zum Erzbischof und Kurfürsten von Mainz gewählt wurde; „mit französischem Geld war das Metropolitankapitel bestochen worden" (Wendehorst, 1966). Damit war er als Kanzler einer der einflussreichsten Männer im Reich und spielte eine wichtige Rolle bei den Friedensverhandlungen. Zugleich nutzte er seine gewachsene Macht und richtete 1656 die Grenzen zwischen Mainz und Würzburg neu ein. Damals ging unter anderem die Abtei Amorbach an Mainz, während Teile des Landes an der Tauber an Würzburg fielen.

Johann Philipp förderte mit Bedacht Franziskaner und Kapuziner, die in der Volksseelsorge wirkten, und stärkte auf diese Weise den katholischen Glauben. In Kitzingen half er den Kapuzinern, sich mit ihrem Kloster am Rand der Altstadt zu etablieren. Er berief 1660 Ursulinen aus Metz zur Erziehung der weiblichen Jugend und wies ihnen das einstige Benediktinerinnenkloster in Kitzingen zu.

Petrini, Greissing, Neumann: Dreigestirn der Barockarchitektur

Johann Philipp berief den Baumeister Antonio Petrini (um 1620/21–1701) aus dem Trentino nach Würzburg. Als Folge des Großen Krieges galt es zunächst, die Festungsbauten in Stadt und Hochstift zu erneuern. Doch schon zwischen 1661 und 1669 wurde die Kirche der unbeschuhten Karmeliten neu erbaut. Von 1670 bis 1691 folgte das in die Mauern der Stadt verlegte Stift Haug. Ungeachtet ihrer kräftigen Proportionen, die ihren trutzig-wehrhaften Charakter nicht verbergen können, ist die Kirche mit ihrer über die Stadt weithin ausstrahlenden Kuppel und der mächtigen Doppelturmfassade *der* Gründungsbau des Barock in Franken. Ab 1696 gestaltete Petrini die Außenfassade der seit 1626 vom Einsturz bedrohten Universitätskirche neu und stockte deren Turm auf. Im ganzen Hochstift regte sich die neue, von Italien beeinflusste barocke Baulust. Nach seinen Plänen entstand bis 1693 die Ursulinenkirche in Kitzingen.

Mit Valentino Pezzani (1641–1716) wirkte ein weiterer Baumeister aus Italien im Hochstift. Zumeist als Polier Petrinis tätig, arbeitete er auch selbstständig und begann mit der barocken Erneuerung von Münsterschwarzach. Davon hat sich der Gastbau von 1696 erhalten. Außerdem dürfte Pezzani die Wallfahrtskirche in Fährbrück (1686–98) entworfen haben.

Der Mailänder Pietro Magno († 1720) hinterließ unter anderem die durch den Zweiten Weltkrieg schwer beschädigte Stuckdekoration des Würzburger Doms.

Mit den beiden Malern Oswald Onghers (1628–1706) und Johann Baptist Ruel (um 1634–85) wirkten Künstler in Würzburg, die der italienisch beeinflussten Architektur der ersten Generation nach 1648 die von Rubens und van Dyck geprägte flämische Malerei entgegensetzten. Vieles davon ist insbesondere in Würzburg ein Opfer des Zweiten Weltkriegs geworden. In St. Johannes in Kitzingen findet sich das Altarbild der Taufe Christi, das Ruel um 1667 für den einstigen barocken Hochaltar gemalt hat. Von Onghers stammt eine Himmelfahrt Mariens von 1679 in der Kapuzinerkirche in Kitzingen.

Erwähnenswert ist der vor allem durch seine groß gedachten Fresken in Erinnerung gebliebene Maler Giovanni Francesco Marchini (1672–1745). Unter seinen Werken befinden sich die von Andrea Pozzo beeinflussten architektonischen Scheinmalereien aus der Zeit um 1728 in der Pfarrkirche von Wiesentheid. Unter dem Motto „Die Zeit enthüllt die Wahrheit" malte 1728/29 Ambrosius Reith für das Schloss der Fürsten Löwenstein in Kleinheubach die Decke im Marmorsaal aus.

Joseph Greissing (1664–1721) war zunächst als Geselle und Polier bei dem Würzburger Stadtzimmermeister Johann Adam Nick tätig. Er trat nach dessen Tod 1698 seine Nachfolge an, nachdem er sich mit der barocken Kuppelhaube des Turms der Neubaukirche glänzend präsentiert hatte. In den folgenden rund 20 Jahren entfaltete er eine in ihrem Umfang kaum nachzuvollziehende Bautätigkeit. Zu seinen Werken zählt der Neubau des Juliusspitals in Würzburg ebenso wie Kirchen auf dem Land. Vor allem aber baute er Klöster und Stifte in Franken, darunter die Abtei Theres am Main. Als Nachfolger von Pezzani führte Greissing den Neubau der Abtei Münsterschwarzach fort, den er nur wegen seines überraschenden Todes nicht vollenden konnte. Dies gab Balthasar Neumann (1687–1753) Gelegenheit, dort von 1726 bis 1743 seinen ersten Großkirchenbau zu errichten.

Petrini, Greissing und Neumann hat man zu Recht als das „Dreigestirn" der Baukunst des Barock in Franken bezeichnet.

Höhepunkt der Barockarchitektur

Balthasar Neumann wurde 1687 in Eger geboren. Der Geschütz- und Glockengießer gelangte 1711 nach Würzburg. Er trat dort zunächst in die Werkstatt des Ignaz Kopp ein. Bald schon begann er sich als Ingenieur und Architekt weiter zu qualifizieren. In einer Art Privatunterricht führte ihn der Ingenieur-Hauptmann Andreas Müller († 1720) in Geometrie, Geodäsie sowie in Zivil- und Militärarchitektur ein. 1714 trat Neumann in die Leibkompagnie des Fürstbischofs ein, um als Ingenieuroffizier Baumeister zu werden. In der Hauptsache dürfte er als Adjutant seines Lehrers Müller gearbeitet oder Joseph Greissing assistiert haben. 1717 beteiligte er sich am Türkenfeldzug des Prinzen Eugen und nahm an der Eroberung der Festung Belgrad teil. Damals sah er erstmals die kaiserliche Hauptstadt Wien, wo als führende Baumeister Johann Bernhard Fischer von Erlach (1656–1723) und Lucas von Hildebrandt (1668–1745) wirkten. 1718 hielt er sich in Mailand auf. Dort studierte er vermutlich die Barockarchitekturen des Guarino Guarini (1624–83). Die Kirchen und theoretischen Schriften des Theatinerpaters und Architekten bilden eine wichtige Wurzel für Neumanns Raumschöpfungen.
Zurückgekehrt nach Würzburg, wurde er 1718 zum Ingenieur-Hauptmann befördert. Ein Jahr später bekam er den Bau der Residenz übertragen, die bedeutendste Bauaufgabe, die damals in Europa zu vergeben war. Dieses Schloss beeinflusste sein ganzes weiteres Leben – an diesem Bauwerk reifte seine Baukunst! Mit 37 Jahren heiratete er die Tochter Eva Maria des Würzburger geheimen Hofrates Schild. Durch diesen gesellschaftlichen Aufstieg gelangte er in verwandtschaftliche Beziehungen zu den alten, eingesessenen Rats- und Beamtenfamilien der Bischofsstadt. 1727 ließ Neumann sich stolz von dem Nürnberger Stadtmaler Marcus Friedrich Kleinert porträtieren. Am Ende seines Lebens hatte er es bis zum Oberst der fränkischen Kreisartillerie und bis zum Oberbaudirektor in den beiden Hochstiften Würzburg und Bamberg gebracht. Neumann starb am 19. August 1753 und wurde in der Würzburger Marienkapelle am Markt begraben. Im selben Jahr stellte Giambattista Tiepolo ihn im Fresko über dem Treppenhaus der Würzburger Residenz als *den* Baumeister in Europa und damit in der Welt dar.

Thesenblatt mit Ansicht der Stadt Würzburg. – Johann Salver nach Balthasar Neumann, 1722/23.

Als weitere gestaltende Kräfte wird man z. B. noch die Baumeistersippe Dientzenhofer, allen voran Leonhard und Johann, nennen müssen. Petrini stammte, wie erwähnt, aus dem Trentino, Greissing war Vorarlberger, aber erst mit dem aus dem böhmischen Eger eingewanderten Neumann kam so etwas wie eine internationale Note in die Architektur, die weit über das Bistum hinausstrahlte und mit der Errichtung der Würzburger Residenz oder den Kirchen in Vierzehnheiligen und Neresheim letztlich den Schlussakkord barocker Baukunst erklingen ließ.

Das Schaffen Neumanns ist in seinem Umfang noch immer nicht zu überschauen. Viele Bereiche, wie seine technischen Bauten, sind nur andeutungsweise wissenschaftlich erforscht. Von seiner Arbeitsleistung und seinen organisatorischen Fähigkeiten abgesehen ist es Neumanns Werk als bildender Architekt, als Baukünstler im eigentlichen Sinn, das ihn zu den großen Architekten der Kunstgeschichte zählen lässt. In seltener Konsequenz hat er in den rund 30 Jahren seines Schaffens die Rotunde sowie die Verknüpfung mehrerer Rotunden zu immer größerer Reinheit getrieben. Von Holzkirchen schritt er über die Landkirchen Etwashausen und Gaibach zur Wallfahrtskirche Vierzehnheiligen bis hin zur Abteikirche von Neresheim in der Klärung seiner Formensprache voran. Ihm gelangen Räume von einer architektonischen Reinheit und Klarheit, die in der Architektur seiner Zeit ihresgleichen suchen. Seine reifen Bauten sind Schöpfungen einer großen geistigen Kraft. Sie weisen zugleich eine Art von Lichtregie auf, die weit über das Materielle des Gebauten hinausgeht und Neumanns Spätwerk zu einem Beitrag der europäischen Aufklärung werden lässt.

In erheblichem Maße haben rund ein Jahrhundert lang Fürstbischöfe aus dem Hause Schönborn oder aus mit diesen verwandten Familien an der Blüte des Barock in Mainfranken mitgewirkt: Lothar Franz (reg. 1693–1729) regierte als Kurfürst von Mainz und Fürstbischof von Bamberg in Würzburg nicht direkt, aber der lange Arm des mächtigen Oheims ließ keine wichtige Entscheidung dort zu, die er nicht geduldet hätte. Sein Neffe Johann Philipp Franz (1719–24) zog 1720 von der Festung hinunter in die Stadt und begann mit dem Bau der Residenz. Er hat das schöpferische Potential Neumanns erkannt und ihm die Planung übertragen. Wie weit Johann Philipp Franz dachte, belegt unter anderem der in seiner Regierungszeit begonnene Bau der Schönbornkapelle am Dom.

Er scheint sich mit seinen zahlreichen, die Topographie Würzburgs verändernden Bauten jedoch nicht nur Freunde gemacht und den „Kredit" der Familie Schönborn zunächst aufgebraucht zu haben. Als er nach fünfjähriger Regierung 1724 mit 51 Jahren verstarb, wählte das Domkapitel, den Wunsch des Kaisers negierend, nicht seinen Bruder Friedrich Karl, sondern Christoph Franz von Hutten (reg. 1724–29) zum Fürstbischof. Der hatte sich zuvor verpflichten müssen, die von seinem Vorgänger begonnenen Bauten nicht fortzuführen. Aber Hutten fehlte in seiner kurzen Amtszeit jegliche Fortune.

Fürstbischof Friedrich Karl von Schönborn

Nach dem Tod des Fürstbischofs von Hutten schlug 1729 die Stunde Friedrich Karls von Schönborn. Lothar Franz von

Als „Zweitfrucht" der Würzburger Residenz erbaute Balthasar Neumann von 1733 bis 1745 für Fürstbischof Friedrich Karl von Schönborn eine Sommerresidenz in Werneck.

Schönborn hatte ihn bereits zu seinem Koadjutor im Amt des Bamberger Fürstbischofs bestimmt; nach dessen Tod 1729 wurde er sein Nachfolger. Die Nachfolge auf dem Stuhl des hl. Burkard in Würzburg war dann wohl nur noch eine Formsache. Fortan sollte er bis zu seinem Tod 1746 beide Bistümer in Personalunion regieren.

Friedrich Karl war einer der fähigsten Bischöfe in der Geschichte Frankens. Von 1705 an hatte er als Reichsvizekanzler in Wien auf der weltpolitischen Bühne eine wichtige Rolle gespielt. Dass ihm dieses Amt zugleich die Möglichkeit bot, einen gewaltigen persönlichen Reichtum anzuhäufen, dem er in Österreich unter anderem durch das von Lucas von Hildebrandt erbaute Schloss Göllersdorf sichtbare Gestalt verlieh, war in den Augen der Zeit völlig normal. Tatsächlich blühte unter seiner Führung die Reichskanzlei ein letztes Mal zu einem Instrument von europäischer Bedeutung auf. Als Fürst-

Die Gartenfassade der Würzburger Residenz.

bischof nutzte er die politischen und künstlerischen Netzwerke aus jener Zeit auf glänzendste Weise. Oft genug setzte er – wie im Falle der von Balthasar Neumann geplanten Kreuzkapelle in dem am Main gelegenen Grenzort Kitzingen-Etwashausen – privates Geld ein, um solche Bauten zu befördern. Auch die katholischen Kirchen in Hannover, Braunschweig und Altona wurden mit Schönborn'schen Privatmitteln gebaut. Dass auf diese Weise, um wieder auf Unterfranken zurückzukommen, in Kitzingen die Protestanten ein eigenes Gotteshaus bekamen, spricht für die Weisheit seines Regierungshandelns und seinen politischen Weitblick.

Er hatte in kirchenpolitischen Fragen einen klaren Standpunkt: Sein Ziel war „ein Bündnissystem aller katholischen Mächte als Gegengewicht gegen das geschlossenere protestantische Nordeuropa" (Wendehorst, 1966). Obwohl er seine Pflichten als Bischof gegenüber Rom stets treu erfüllte, wollte er der katholischen Kirche in Deutschland zugleich mehr Unabhängigkeit verschaffen. In seiner Regierungszeit konnte er

Die Würzburger Residenz

Das bedeutendste Bauwerk in der Zeit Friedrich Karls war die Würzburger Residenz. Er hatte diese Aufgabe von seinem Bruder übernommen und prägte ihr gemeinsam mit Balthasar Neumann dennoch seinen Stempel auf. Das Corps de Logis mit Treppenhaus und Kaisersaal wäre ohne ihn so nicht entstanden, und die Verlegung der 1736 geweihten Hofkirche aus dem Nordoval in den Südflügel mit direktem Zugang vom Residenzplatz sind von ihm wesentlich bestimmt worden. Auch wenn er dabei mit Neumann den bestmöglichen Baumeister an seiner Seite hatte, achtete er stets auf internationale Beratung: Großen Einfluss hatte seit den Wiener Jahren der Architekt des Kaisers Lucas von Hildebrandt; zudem wurde genau registriert, wie man in Paris und Versailles baute. Neumann musste 1723 eigens nach Frankreich reisen, um seine Risse für die Würzburger Residenz Robert de Cotte und Germain Boffrand vorzulegen. Natürlich gab es andere Stimmen, wie Johann Dientzenhofer oder Maximilian von Welsch und die einflussreiche Riege der sogenannten Kavalierarchitekten, wie Anselm Franz von Ritter zu Groenesteyn und Philipp Christoph von Erthal, die mitgesprochen haben. Von den Angehörigen der Familie Schönborn, die in einer dichten Korrespondenz miteinander verbunden waren, gar nicht zu reden. Diese – wie man es früher gerne genannt hat – „kollektivistische" Planungsweise hätte leicht in der künstlerischen Bedeutungslosigkeit enden können, wäre da nicht der mit den Jahren immer mächtigere „Baudirigierungsgott" Neumann gewesen.

Franken aus Kriegshändeln heraushalten. Dies war eine wichtige Voraussetzung für das enorme Bauprogramm, das er in den rund 17 Jahren seiner Regierungszeit absolvierte.

Durch Friedrich Karl von Schönborn wurden Würzburg und Bamberg zu Hauptstädten Europas, weit über ihre eigentliche politische Bedeutung hinaus. Dies strahlte mit den Fürstbischöfen Greiffenclau und Seinsheim bis in die späten 1770er-Jahre hinein. Die Glanzzeit erlebte einen letzten Höhepunkt mit dem von den Ideen der Aufklärung durchdrungenen Franz Ludwig von Erthal (reg. 1779–95). 1796 schließlich war dann mit den Revolutionskriegen von Frankreich her das Wetterleuchten des nahenden Untergangs des Alten Reiches in Franken erstmals zu spüren.

Wie schon Julius Echter hat Friedrich Karl die Bedeutung des Kirchenbaus in den Landgemeinden erkannt und gefördert. In Münsterschwarzach oder bei der Wallfahrtskirche von Vierzehnheiligen kümmerte er sich persönlich um Architektur und Ausstattung. Um dem „Fürstenkefich" täglicher Amtspflichten wenigstens zeitweise entkommen zu können, ließ er sich zwischen 1731 und 1746 von Neumann in Werneck eine Sommerresidenz erbauen, die parallel zur Würzburger Residenz entstand und in der dieselben Künstler agierten. Die Jagd in der Fasanerie bot ihm Erholung von der Politik und das von Kissingen beschaffte Heilwasser förderte seine Gesundheit. Die Maßstäbe, die er mit seinen Bauten setzte, trieben den Adel sowie Klöster und Stifte, aber auch das emporstrebende Bürgertum zu eigenen Anstrengungen an. Stadt und Hochstift Würzburg müssen eine einzige Baustelle gewesen sein.

Tiepolos Fresken in der Residenz

Nachfolger Friedrich Karls von Schönborn wurde Anselm Franz von Ingelheim (reg. 1746–49), der mehr an Goldmacherei und Alchimie interessiert war. Ein zeitgenössischer Chronist schreibt über ihn despektierlich: „Er unterhielt mit großen Unkosten verschiedene, aus fremden Orten herbey geloffene und berufene Laboranten, an deren Occupation Er ein besonderes Belieben getragen, die ihm […] einen großen Theil von dem Lob und Glory seiner Regierung benommen." Doch auf das „Intermezzo Ingelheim" folgte bereits 1749 mit Carl Philipp von Greiffenclau zu Vollraths (reg. 1749–55) wieder ein ganz anderer Geist. Er sah sich in der Nachfolge der Schönborn-Bischöfe und brachte vor allem die Würzburger Residenz zum Abschluss.

Die Kunstgeschichte feiert sie als Schloss über den Schlössern und als Vollendung europäischer Baukunst des Barock. Aber erst dem Venezianer Giovanni Battista Tiepolo mit seinen von 1750 bis 1753 gemalten Fresken in Kaisersaal und Treppenhaus

Giovanni Battista Tiepolo: Die Hochzeit Kaiser Friedrich Barbarossas mit Beatrix von Burgund. Würzburg, Kaisersaal der Residenz, 1751.

ist es gelungen, der Architektur das einzig angemessene festliche Kleid anzulegen. Der Venezianer bewegte sich dabei an der Grenze vom Barock zur Aufklärung, ohne diesen Paradigmenwechsel zu vollziehen. Er war ein glänzender Maler und ganz im Dürer'schen Sinn „inwendig voller Figur". Mit stupender Sicherheit verfügte er über einen niemals versiegenden Vorrat an Formen und Bewegungen von Menschen und Tieren. Von dem Künstler aus der Weltstadt Venedig auf der Höhe seines Ruhmes kann man sich kaum vorstellen, dass er sich die kleinstädtischen Strukturen eines allenfalls mittelgroßen Fürstenhofes in Würzburg tatsächlich zu eigen gemacht hat.

Inzwischen hatte nicht nur die legendäre Schönborn-Zeit in Franken den Zenit überschritten. Außerdem brachen allenthalben auch die durch den Dreißigjährigen Krieg nie wirklich gelösten Probleme wieder auf. Die Zeit der von Kirchenfürsten regierten Kleinstaaten neigte sich ihrem Ende zu. Greiffenclau wäre ohne Tiepolos Fresken höchstens so etwas wie eine Fußnote der Geschichte geworden. Ohne Fortune waren seine bisherigen Versuche verlaufen, einen der Residenz kongenialen Freskanten zu finden: Johann Zick war ein guter Maler, aber er wäre an dieser Aufgabe gescheitert; mit dem Schwindler Visconti hatte man voll danebengegriffen. Jetzt half nur noch die Flucht nach vorne, und der beste in ganz Europa zu findende Maler musste her: Tiepolo. Er sollte mit seinem Pinsel aller Welt vor Augen führen, welche bedeutende Rolle Würzburg mit Fürstbischof Greiffenclau an der Spitze in Europa, ja in der ganzen Welt, seit dem Mittelalter spielte.

Man kann sich gut vorstellen, dass der in dem Venezianer Tiepolo gewiss auch steckende Kaufmann das angebotene Geld nicht verschmäht hat – eine Summe, welche die damalige Staatskasse bis an die Grenze ihrer Leistungsfähigkeit belastet hat. Die Residenz mag aus seiner Sicht ein ordentliches Schloss gewesen sein, aber sonst war Würzburg gegenüber Venedig doch nur ein – *horribile dictu* – Dorf, und die paar kleinen Kähne auf dem Main waren nichts im Vergleich zu den großen Segelschiffen, die von seiner Heimatstadt aus die Meere befuhren.

Natürlich hat Tiepolo die gelehrten Programme der Würzburger Jesuitenprofessoren studiert. Die Hochzeit Friedrichs I. Barbarossa mit Beatrix von Burgund im Jahr 1156 und die Belehnung Bischof Herolds mit dem Herzogtum Franken 1168 sollten im Kaisersaal zu sehen sein. Die beiden Wandbilder mit geschichtlichen Themen sollten, auf allegorische Weise überhöht, durch das Fresko im Deckenspiegel miteinander verbunden werden. Darin führt Apoll in einem von vier Rössern gezogenen Wagen dem Genius des Römischen Reiches die Braut von Burgund zu. Das Deckenfresko über dem Treppenhaus verlässt endgültig die allegorisch überhöhte Herleitung von Würzburgs Größe aus der Geschichte und feiert den Fürstbischof: „So wie die Sonne Tag für Tag über dieser Welt aufgeht, um ihre wärmenden und lebensspendenden Strahlen über alle Menschen ohne Unterschied auszugießen, so herrscht Karl Philipp von Greiffenclau als ein guter und milder Fürst über sein Land, er ist die Sonne Frankens“ (Büttner, 1980).

Ungeachtet aller ihm zugestandenen Freiheiten musste Tiepolo in seinen Fresken auf diese Programme und Erwartungen eingehen, aber er stand doch wohl weit über dem Würzburger

„Hofgedöns“. Statt nordischer Gelehrsamkeit und teutonischer Genauigkeit inszenierte er in seinen Fresken der Residenz eine Welt, die Würzburg bis dahin nicht gekannt hatte. In geistreicher Manier führte er den Gelehrten der Universität all das mit seinem Pinsel vor Augen, was sie brauchten, um die gescheiten Allegorien ihrer Programme wiederzufinden. Und zugleich überhöhte der Maler sie mit der Kraft seiner überbordenden Phantasie auf geradezu spielerische Weise. Am Ende triumphierte alleine seine Malkunst über das Herrscherbild.

Wirtschaftspolitik in der Schönborn-Zeit

Zunehmend begann sich unter dem Einfluss der frühen Aufklärung das Selbstverständnis des Herrschers zu wandeln, der sich immer öfter als erster Diener seines Landes verstand. In diesem Sinne änderte sich die Wirtschaftspolitik. Ein Regiment von verantwortungsvollen Kirchenfürsten bildete die eine Komponente. Die andere war eine vorausschauende Politik, die sich von sachlichen und eben nicht alleine von konfessionellen Erwägungen lenken ließ, wie dies einem Julius Echter noch möglich war.

Eine wichtige Rolle spielte der Mainausbau. Seit alter Zeit wurde aus den oberfränkischen Wäldern Holz bis Holland geflößt. Am Fluss entstanden Brettermühlen, die in Haßfurt, Schweinfurt oder Kitzingen in Verbindung mit Stapelrechten den jeweiligen Pächtern solide Einnahmen sicherten. Dafür musste der Main aber möglichst lange im Jahr schiffbar sein. Frost und Eisgang bildeten die eine Gefahr, die kaum zu bannen war. Anders verhielt es sich mit Untiefen oder Strudeln, die Menschen und Schifffahrt gefährdeten.

Mit ihrer Mainmühle besaß die Stadt Kitzingen seit 1448 eine wichtige Einnahmequelle. Damit ihre Mahlgänge auch bei Niedrigwasser arbeiten konnten, musste der Fluss aufgestaut werden, war dann aber für Schiffe schwer zu passieren. Das führte häufig zu Konflikten. 1715 informierte der Bamberger Fürstbischof Lothar Franz von Schönborn seinen Würzburger Amtsbruder und nahen Verwandten Johann Philipp von Greiffenclau zu Vollraths (reg. 1699–1719), dass „unsere Bamberger Bürger und Schiffer Beschwehren vorgetragen, dass das neu aufgebaude Wehrt zu Kitzing dergestalten erhöhet worden, dass selbiges ohne augenscheinliche Leib- und Lebensgefahr und Zerschmetterung der Schiffe kaum mehr zu passiren seye“. Lothar Franz verlangte, dass das Wehr wieder niedriger zu machen oder – ähnlich wie in Volkach – ein Kanal für die Passage der Schiffe und Floßverbände zu graben sei.

Zunächst wurde Ingenieurhauptmann Andreas Müller nach Kitzingen geschickt. Die Stadt war aber nicht bereit, irgendwelche Baumaßnahmen zu zahlen. Der Bamberger Fürstbischof gab ebenfalls nicht nach und forderte unter Verweis auf den Charakter des Maines als eines *fluminis publici* („öffentlichen Gewässers“) den Würzburger Fürstbischof auf, den Kitzingern „ernstlich zu befehlen“, die gefahrlose Passage des Wehres zu gewährleisten. Daraufhin wurden Zimmermeister Marx und Fähnrich Neumann nach Kitzingen beordert. Letzterer schlug die Anlage eines Kanals „in einer solchen Weite, dass so wohl Flöß als Schiff pahsiren können“, vor. Kitzingen kann sich damit schmücken, eine der ersten Wirkungsorte des jungen Neumann gewesen zu sein. Die Stadträte spielten weiter auf Zeit. Ende 1716 verunglückte ein Schweinfurter Schiffmann mit seinem Ruderschelch beim Passieren der „Cascade“. Wieder wurden Briefe ausgetauscht und Gutachten erstellt. Nach einigem Hin und Her löste die Natur das Problem: 1717 wurde durch einen Eisgang „ein großes Stückh Lochs abgerissen und solche Öffnung gemacht […], dass wegen der dadurch geschwächten Gewalt des Wassers das daselbstige Mainloch ganz leicht und ohne einige Gefahr zu passiren“ war.

Früh bemühten sich die Ansbacher Markgrafen um einen eigenen Hafen am Main. Da Marktsteft „zu Schifffahrt und Comercie eine sehr bequeme Lage“ hatte, legte Markgraf Wilhelm Friedrich von Brandenburg-Ansbach (reg. 1703–23) ab 1711 dort einen Hafen an. Es folgten ein großzügiges Hafengelände mit eigenem Kanal (1729) und ein Getreidespeicher (1740). Der Hafen bedeutete für die Markgrafen das Tor zur Welt, und manchmal wurde dort eine ganz besondere „Ware“ verschifft: Markgraf Christian Friedrich Carl Alexander von

Ansbach-Bayreuth (reg. 1757–91), der 1791 abdankte und sein Fürstentum an Preußen verkaufte, baute seine Staatsschulden unter anderem dadurch ab, dass er seine Landeskinder als Soldaten an den britischen König „verlieh", für den sie in dessen Kolonien in Amerika kämpfen mussten. Diese Subsidien-Truppen wurden von Marktsteft aus auf Mainkähnen nach Holland transportiert und von da nach Amerika verschifft.

Als Handels- und Umschlagplatz der oberhalb von Scheinfeld im Schloss residierenden Grafschaft Schwarzenberg erhielt der Nachbarort Marktbreit 1557 das Markt- und 1819 sogar das Stadtrecht. 1750 wurde dort ein 8.000 Zentner fassendes Schrannengebäude errichtet. Weiterer, bis heute sichtbarer Ausdruck dieser merkantilistischen Bemühungen ist der 1773 errichtete Mainkran.

Ein Zentrum der Wirtschaftspolitik Friedrich Karls von Schönborn war Kitzingen: Dort ist für 1746 der Bau eines Lagerhauses und ab 1747 eines Krans nach Plänen Neumanns bezeugt. Die Stadt sollte zu einem Hauptstapelplatz am Main im Hochstift werden. Der Ort war insofern geschickt gewählt, als der Main von hier aus für tiefer gehende Schiffe befahrbar war. Der Main war aber auch der Grenzfluss, an welchem die Straße von Nürnberg das Gebiet des Hochstifts erreichte. Andererseits galt es, der ausländischen Konkurrenz in Marktsteft und Marktbreit zu begegnen. Würzburg wusste seinem Kitzinger Hafen daher zusätzliche Vorteile zu verschaffen: Neben Lagerhaus und Kran baute der Fürstbischof eine Hafenanlage und ließ das Wehr, um das man sich 1715 gestritten hatte, abgraben. Ferner gewährte er den dort verhandelten und gestapelten Gütern ein Drittel Zollnachlass, während er sonst nur ein Viertel zugestand. Auch in Würzburg wurde zwischen 1767 und 1773 ein Mainkran nach Plänen von Neumanns Sohn Franz Ignaz Michael erbaut.

Ein weiteres Element der Wirtschaftsförderung im Barock war der Bau von Straßen. Dazu zählt die heutige B 8, ein uralter Handelsweg, der weitgehend identisch mit der *Via Publica* von Köln nach Frankfurt ist. In Unterfranken verlief der Weg von Markt Bibart über Iphofen, Kitzingen und Würzburg nach Frankfurt. Auf dieser Route wurden aber nicht nur Waren bewegt, sondern die seit 1424 in Nürnberg aufbewahrten Reichskleinodien zur Kaiserkrönung nach Frankfurt transportiert. Wegen ihrer Bedeutung wurde die Straße ab 1750 zunächst von Kitzingen aus bis an die Grenze des Bistums in Markt Bibart zur Chaussee ausgebaut. Von 1764 bis 1766 folgte unter Fürstbischof Adam Friedrich von Seinsheim (reg. 1755–79) die Strecke von Kitzingen nach Würzburg. Zwischen Biebelried und Gerbrunn führte man sie wegen des sumpfigen Geländes über einen Damm und mehrere Brücken, gab diesen Straßenverlauf jedoch wegen statischer Probleme zugunsten der Strecke über Rottendorf auf. Die einstige Trasse hat sich aber einschließlich einer steinernen Bogenbrücke bei Gerbrunn erhalten. Als dritten Bauabschnitt führte man diese „Kunststraße" bis 1775 von Würzburg über Bischbrunn und Lengfurt in Richtung Frankfurt weiter. Heute ist die B 8 in ihrer Bedeutung weitgehend durch die A 3 abgelöst. Nur die ICE-Trasse verläuft noch immer parallel zur alten Bundesstraße.

Auch die heutige B 19 wurde um 1780 zwischen Würzburg und Meiningen als Chaussee ausgebaut. Sie diente dem Warenverkehr und halbierte die Fahrtzeit von der Würzburger Residenz bis zum Sommerschloss in Werneck auf etwa zwei Stunden. Etwa die gleiche Zeit brauchte man von Werneck bis Kissingen, um für den Fürstbischof den Sauerbrunnen, ein Heilwasser, abzuholen. Er weilte in Werneck also gewissermaßen zur Kur, wenn er nicht gerade auf der Jagd war. Auf dieser Straße kam übrigens am 8. Oktober 1815 Johann Wolfgang von Goethe auf dem Weg nach Weimar an Werneck vorbei und notierte in sein Tagebuch: „Auf den weiten Stoppelfeldern hetzten Donkosaken verschüchterte Hasen. Eine meilenlange Kolonne des russischen Trains retardierte meinen Eilweg bei hellem Mondschein."

Bis heute weist die B 19 wie mit dem Lineal gezogene Trassen durch das Hügelland westlich von Schweinfurt auf. Als die Straße bis Werneck fertig und die weitere Streckenführung nach Norden über Geldersheim nach Münnerstadt an Schweinfurt vorbei bereits abgesteckt war, fürchtete die Reichsstadt, künftig vom Verkehr abgeschnitten zu sein. Sie prozessierte ohne Erfolg gegen die Würzburger Fürstbischöfe. Am Ende erreichten die Schweinfurter lediglich, dass sie auf eigene Kos-

Weinkelter aus Groß-
langheim. – Eichenholz,
1662.

ten einen Abzweig von Werneck über Bergrheinfeld in die Reichsstadt bauen durfte, der von da über Maibach wieder bei Poppenhausen auf die neue Straße zurückführte.

Von 1766 bis 1773 baute Markgraf Christian Friedrich Carl Alexander von seiner Residenzstadt aus eine Chaussee nach Würzburg, die heutige B 13. An der Grenze zum Hochstift auf einem Geländerücken nahe Gnodstadt errichtete er eine steinerne Mautpyramide. Auf einer Inschrift verkündete der „allergnädgste Fürst und Herr“, dass er diese Straße „nicht aus Steuern der Untertanen, sondern aus eigenen Mitteln“ finanziert habe. 2010 prallte ein LKW gegen die Mautpyramide und beschädigte sie, weshalb sie seit 2012 etwa 20 m neben der heutigen Bundesstraße steht.

Wein und Wald

Die steil zum Main abfallenden Hänge bilden zusammen mit der Qualität des Bodens von jeher ideale Bedingungen für den Weinbau. Man spricht deshalb vom Terroir, das dem Frankenwein seine besondere Note verleiht. Buntsandstein, Muschelkalk und Keuper über kristallinem Grundgestein treten in Unterfranken an verschiedenen Orten zutage und prägen den Wein, der darauf wächst. Weitere Faktoren sind

Unterfranken ist Weinfranken

Dem Wein ist in Unterfranken der größte Teil der knapp 6.300 Hektar Rebfläche in ganz Bayern gewidmet. Außer am Main bestimmt der Wein das Bild der Landschaft noch an den Hängen des Steigerwaldes und des Saaletales sowie an manch anderem Fleck. Durch den Silvaner und mit dem Bocksbeutel hat sich die Region ein besonderes Alleinstellungsmerkmal verschafft. Archivalisch belegbar ist, dass die erste Silvaner-Rebe 1659 aus Österreich nach Unterfranken importiert und in einem Wengert, einem Weinberg, der Grafen zu Castell angepflanzt worden ist. 1665 hat Abt Degen von Kloster Ebrach Silvaner in der Würzburger Weinlage Stein setzen lassen. Heute machen die Weinlagen in Franken und Rheinhessen etwa 75 % der Silvaner-Ernte in Deutschland aus. Die wohl älteste Darstellung einer Flachkugelflasche findet sich auf dem „Apostelabschied" von etwa 1487 in der Nagelkapelle des Doms zu Bamberg. Sogar die Kelten kannten um 1400 v. Chr. schon so etwas wie Bocksbeutel. Das lässt ein bei Wenigumstadt (Lkr. Aschaffenburg) gefundenes Tongefäß vermuten. 1718 hat das Würzburger Bürgerspital den Bocksbeutel mit aufgeprägtem Siegel auf der Schulter eingeführt. Zuletzt hat 2014 der Hamburger Designer Peter Schmidt dem Bocksbeutel eine modernere, etwas kantigere Gestalt verliehen.

rund 1.700 Sonnenstunden im Jahr und eine Durchschnittstemperatur von neun Grad. Lediglich 600 mm Regen pro Quadratmeter machen Unterfranken regenarm, schaffen aber die richtigen Bedingungen für den Weinanbau. Ferner bedarf es der Arbeit des Winzers oder der Winzerin und viel Erfahrung, um einen typischen Frankenwein zu erzeugen, von dem man sagt, dass er mit vier Gramm Restsüße „trocken" schmeckt und sich meist durch einen hohen Mineralstoffgehalt und Würze auszeichnet.

Bereits im späten Mittelalter wurde in der Weinhandelsstadt Kitzingen für den Wein ein „Reinheitsgebot" erlassen. Darauf aufbauend entwickelte sich 1498 das erste deutsche Lebensmittelgesetz. Verschlechterungen des Klimas während einer „Kleinen Eiszeit" und der Dreißigjährige Krieg ließen den Weinanbau in Franken im 17. Jh. einbrechen. Danach ging es im 18. Jh. noch einmal steil bergauf, und man liegt sicher nicht falsch, wenn man behauptet, dass viele der barocken Schlösser, Klöster und Kirchen mit Geld aus dem Weinbau finanziert worden sind. Belief sich die Rebfläche in der Barockzeit auf über 16.000 Hektar, ging sie in den Kriegen ab 1796 und nach der Säkularisation von 1803 im 19. Jh. auf etwa 10.000 Hektar zurück.

Kirche und Klöster als Landbesitzer spielten fortan keine Rolle mehr und der Weinbau in Franken wurde mit hohen Steuern belegt. Hinzu kamen mit der „Dreipfahlerziehung" eine wenig wirtschaftliche und mit dem sogenannten „Gemischten Satz" eine vorwiegend auf Menge und weniger auf Qualität zielender Anbaumethode: Der fränkische Wein war vielfach fortan nur ein Alltagsgetränk. Die traditionelle Realteilung der Grundstücke – mit der Folge ihrer ständigen Verkleinerung –, die nach 1900 sich ausbreitende Reblaus, die größte Schäden an den Rebstöcken anrichtete, und besser bezahlte Arbeitsplätze leisteten ihren Beitrag zu den sich verringernden Rebflächen, die 1950 bei 2.485 Hektar lagen. Flurbereinigungen, erfolgreiche Winzergenossenschaften, viele direkt vermarktende Winzer und eine massiv auf Qualität zielende Strategie haben den Frankenwein wieder in die Höhe gebracht. Heute werden von ambitionierten Winzerinnen und Winzern Weine an- und ausgebaut, die internationales Ansehen genießen.

Dort, wo es keinen Wein gibt, wachsen in den Haßbergen, im Steigerwald, im Spessart und im Odenwald große Wälder. Meist sind es Staatsforsten, große Waldgebiete gehören aber auch den Städten und Gemeinden oder sind traditionell im Eigentum altadeliger Familien. Die meisten Waldbesitzer eint eine nachhaltige Kultur der Bewirtschaftung, die dafür sorgt, dass es in Zukunft noch Hochwild in den Haßbergen, uralte Buchen im Steigerwald und mächtige Eichen im Spessart geben wird.

Umbruch und Aufbruch

Die Zeit der Aufklärung

Nach der Mitte des 18. Jhs. hielt die Aufklärung im Hochstift Würzburg als von breiten Kreisen der Elite getragene, gleichwohl bunt schillernde Bewegung Einzug. Radikalere Kräfte, wie z. B. der nachmalige Kirchenhistoriker Franz Berg (1753–1821) oder der hochbegabte, aber später als konterrevolutionärer Verschwörer während der Französischen Revolution hingerichtete frühere Franziskanermönch Eulogius Schneider (1756–94) aus Wipfeld waren jedoch selten. Verbreiteter war dagegen der Versuch, den in die Jahre gekommenen geistlichen Staat zu modernisieren. Einer aufgeklärten Theologie standen die Macht der Jesuiten und ein tief im Volk verwurzelter Glaube entgegen.

Fast schon eine Lichtgestalt im Sinne einer gemäßigten, kirchentreuen Aufklärung war Fürstbischof Adam Friedrich von Seinsheim (reg. 1755–79). Regierung und Beamtenschaft wurden unter seiner Herrschaft zunächst mit bestmöglich ausgebildeten Bürgerlichen und nicht mehr nur mit nach Versorgungsposten strebenden Adeligen besetzt. Wie schon unter Schönborn erkennbar, stand bei dem gleichwohl noch von einem absolutistischen Selbstverständnis erfüllten Fürstbischof das Wohl der Untertanen im Zentrum seiner Regierung. Stichworte sind die Förderung der Wirtschaft, Maßnahmen zur Hebung der allgemeinen Gesundheit und Reformen im Unterrichtswesen. Er führte unter anderem 1762 in Würzburg den Schulzwang ein, schickte 1763 den Mediziner Carl Caspar von Siebold (1736–1807) nach Holland, Frankreich und England, wo er das dortige Gesundheitswesen studieren sollte, gründete 1771 ein Lehrerseminar und erließ 1774 eine allgemeine Schulordnung. 1764 und 1770 reduzierte er in zwei Verordnungen die Anzahl der kirchlichen Feiertage sowie Auswüchse des Prozessionswesens, was ihn im Volk weitgehend unbeliebt machte. 1773 nutzte er das Verbot der Jesuiten für grundsätzliche Reformen des höheren Schulwesens und führte in den Gymnasien Deutsch als Unterrichtssprache ein.

Auf Seinsheim folgte Franz Ludwig von Erthal (reg. 1779–95). Er regierte in Würzburg und Bamberg nach der Devise „Der Fürst ist für das Volk da, nicht das Volk für den Fürsten". Das brachte ihm beim Adel den negativen Ruf eines „Demokraten" ein. Obwohl durch und durch katholischer Geistlicher, hatte er einen Sensus für die Bedürfnisse seiner Zeit. Er förderte ebenfalls den Mediziner Carl Caspar Siebold. Der nachmalige Professor für Anatomie und Chirurgie baute das Juliusspital zu einer modernen Klinik aus. Als der Geistliche Rat jungen Priestern 1793 verbieten wollte, protestantische Schriften zu lesen, lehnte Erthal das ab und ließ sogar entsprechend qualifizierte Kleriker an nichtkatholischen Universitäten studieren. Dem „Wirzburger Gelehrten Anzeiger" gestattete er seit 1786 Zensurfreiheit. In den Klosterbibliotheken wurden unter Erthal vermehrt Bücher aus den Feldern Naturwissenschaft und Philosophie erworben. Als Bischof strebte er eine für breite Kreise verständliche Liturgie an und betrieb die Einführung von Kirchenliedern in deutscher Sprache. Für sein tiefes Verständnis der politischen Vorgänge seiner Zeit spricht, dass er die Französische Revolution vor allem als Folge einer falschen Sozialpolitik und nicht der religiösen Aufklärung erkannte.

Säkularisation und Mediatisierung

Die wenigen Regierungsjahre des letzten Fürstbischofs Georg Carl von Fechenbach (reg. 1795–1802) standen ganz im Zeichen des drohenden Untergangs des Alten Reiches und der Säkularisation. Als Ergebnis des Friedens von Basel besetzten französische Truppen 1795 Würzburg und zwangen den Fürstbischof zur Flucht. Erzherzog Karl als Befehlshaber der österreichischen Truppen gelang es, die Franzosen aufzuhalten. Im Handstreich vertrieb eine österreichische Vorhut Ende August 1796 die Franzosen aus der Stadt, aber ein Teil verschanzte sich auf der Festung. Vom Galgenberg aus beschoss nun die österreichische Artillerie über die Stadt hinweg den gegenüberliegenden Marienberg. Schließlich kam es am 3. September 1796 unweit von Würzburg zwischen 44.000 Österreichern unter Erzherzog Karl und 30.000 Franzosen unter General Jean-Baptiste Jourdan zur Schlacht, die die Franzosen verloren. Am Ende waren 2.000 Franzosen und 1.450 Österreicher gefallen oder verwundet. Siebold versorgte im Juliusspital die Verwundeten beider Seiten. Die französische Armee aber zog sich aus Würzburg nach Arnstein zurück und steckte dabei die Orte Unterpleichfeld, Burggrumbach und Mühlhausen in Brand. Die Schlacht bei Würzburg zwang letztendlich die Franzosen zum Rückzug über den Rhein und vereitelte damit für Jahre alle weiteren Pläne und Strategien der französischen Regierung.

Im Wissen um seine militärische Schwäche stellte der Fürstbischof 1797 einen Landsturm zusammen und erhielt im Frieden von Campoformio am 17. Oktober eine kleine Atempause des Friedens. Danach ging alles sehr schnell: 1799 zeichnete sich auf dem Reichstag in Regensburg die Auflösung der Geistlichen Staaten ab. Trotz diplomatischer Anstrengungen in Paris und London durch den Geheimen Referendar Johann Michael Seuffert und trotz riesiger Bestechungsgelder rückten im Herbst 1800 französische Truppen in Franken ein. Am 6. Januar 1801 musste ihnen die Würzburger Festung erneut übergeben werden.

Abermals hielt sich der Fürstbischof über sechs Monate im Exil in Untermaßfeld und in Meiningen auf. Der Frieden von Lunéville besiegelte dann am 9. Februar 1801 das Ende der Geistlichen Staaten. Herzog Maximilian IV. Joseph von Bayern (reg. 1799–1806; von 1806–25 König Maximilian I. Joseph) sollte für seine an Frankreich abgetretenen Gebiete links des Rheins mit Würzburg, den dortigen Klöstern und der Reichsstadt Schweinfurt entschädigt werden.

Eine Reichsdeputation publizierte am 25. Februar 1803 ihren sogenannten Hauptschluss, der festlegte, welche Reichsstände Entschädigungen für die an Frankreich verlorenen Gebiete erhalten sollten. Da diese nur zu Lasten jener geistlichen Staaten erfolgen konnte, deren Existenzberechtigung schon seit dem Dreißigjährigen Krieg in Frage gestellt worden war, musste Fürstbischof Fechenbach hilflos mitansehen, wie er sein Territorium an Kurpfalzbayern verlor.

Den Ergebnissen der diplomatischen Verhandlungen vorgreifend und Preußen aus dem Rennen werfend, war Wilhelm Freiherr von Hompesch als Abgesandter des bayerischen Kurfürsten am 29. August 1802 von Fechenbach empfangen worden. Am 3. September rückten bayerische Truppen unter General Graf Ysenburg in Würzburg ein, am 24. November informierte Hompesch den Fürstbischof über die zivile Besitzergreifung des Hochstifts. Fechenbach zog sich daraufhin am 27. November nach Werneck auf sein Sommerschloss zurück. Von dort entließ er seine Untertanen aus ihrer Treueverpflichtung und empfahl sie dem neuen bayerischen Herrn, Kurfürst Maximilian IV. Joseph. Nach der zivilen Besitzergreifung des Hochstifts durch Kurpfalzbayern blieben die bisherigen Strukturen der Behörden erhalten. Als oberste Instanz agierte ein Generalkommissariat mit Freiherrn von Hompesch an der Spitze.

Die Liste der Verordnungen reichte vom Verbot, das Grab Christi in der Karwoche zu schmücken, bis zu nicht mehr geduldeten „zweckwidrigen Ceremonien am Himmelfahrtsfeste und Pfingstsonntage“. Die Wallfahrt auf den Kreuzberg in der Rhön wurde ebenso verboten wie das Aufstellen von Weih-

Das Ende des Hochstifts Würzburg

Mit der Abdankung des Fürstbischofs fand das Hochstift Würzburg am 15. Januar 1803 als souveräner Staat sein formelles Ende. Zuvor hatte Fechenbach noch bekannt gegeben, dass er seine bischöflichen Funktionen in Würzburg weiter wahrnehmen wolle. Trotz des Verlustes seiner weltlichen Herrschaft wusste er in der Folgezeit von Schloss Werneck aus die Grundlinien der Würzburger Kirchenpolitik zu bestimmen. Außerdem wurde er am 28. September zusätzlich Bischof von Bamberg. Auf diese Weise wuchs ihm zwar keine wirkliche Macht, aber doch eine nicht zu unterschätzende Autorität zu. Fechenbach nutzte das, um in intensiven Verhandlungen mit den bayerischen Behörden die Folgen der Säkularisation für die katholische Kirche wenigstens zu mildern.

nachtskrippen. Allenthalben wurden die Friedhöfe rund um die Pfarrkirchen aus hygienischen Gründen verbannt und es mussten neue außerhalb der Städte und Dörfer angelegt werden. Besonders rigoros gingen die bayerischen Herren gegen Klöster und Stifte vor. Vorrangiges Ziel war deren Aufhebung und die Verwertung der Vermögenswerte samt dem Kunstbesitz. Eine eigens geschaffene „Churfürstliche Special-Commission in Administrativ-Angelegenheiten der Stifte und Klöster“ sollte diese liquidieren und ihre Konventualen entweder pensionieren oder als Geistliche im Laienstand beschäftigen. Das Vermögen wurde verwertet, die Einnahmen wurden dem Staat zugeführt. Kirchliche Kultgeräte beraubte man ihrer Edelsteine und schmolz das Silber ein. Die Zimelien, also die wertvollen Stücke der klösterlichen Bibliotheken gelangten an die Universitätsbibliothek und die Archive an das Kreisarchiv, Vorläufer des heutigen Staatsarchivs.

Im Auftrag des bayerischen Kurfürsten bereiste Johann Christian von Mannlich (1741–1822) die aufgehobenen Klöster und suchte für die Münchner Kunstsammlung die schönsten Werke aus. Auf diese Weise kam unter anderem Giovanni Battista Tiepolos „Anbetung der Könige“ von 1753 aus Münsterschwarzach in die Alte Pinakothek. Was nicht zu verwerten war, blieb hängen oder geriet in private Hände. Manches, wie Giambattista Piazzettas 1746 gemalte „Anbetung der Hirten“, verbrannte 1945 im Würzburger Dom. Anderes, wie Giovanni Domenico Tiepolos „Steinigung des hl. Stephanus“ von 1754, ebenfalls aus Münsterschwarzach, konnte nach rund 200 Jahren 2006 vom Freistaat Bayern erworben werden. Gleichwohl dürfte der durch die Säkularisation ausgelöste Verlust an bedeutenden Kunstwerken aus allen Epochen kaum abschätzbar sein.

Abt und Konvent von Münsterschwarzach suchten ihr Heil in der Flucht nach vorne und beantragten am 8. Februar 1803 die förmliche Auflösung der Benediktinerabtei, durchaus mit dem Ziel, ihre Angehörigen mit Pensionen zu versorgen. Die Zisterzienserabtei Ebrach wehrte sich bis zuletzt – ohne Erfolg. Das altehrwürdige Benediktinerkloster Neustadt am Main fiel zunächst an die Fürsten Löwenstein-Wertheim-

Rosenberg und wurde von diesen mit einiger Verzögerung ebenfalls säkularisiert.

Um zu verhindern, dass katholische Kreise mit dem Geld potenter Gönner die einstigen Klöster und Kirchen erwarben, um dort wieder Konvente zu gründen, durften Katholiken bei deren Verkauf nicht mitbieten. Nicht alles konnte – oft zu Schleuderpreisen – abgesetzt oder vom bayerischen Staat als Gefängnisse (Ebrach) oder Pfarrkirchen verwendet werden. Die Bauten fielen daher vielfach der Spitzhacke zum Opfer und wurden zu Schotter verarbeitet: So erging es den Abteikirchen in Theres, Münsterschwarzach oder Heidenfeld. Bald nach 1841 war der Ort in Münsterschwarzach, an dem sich Neumanns Kirche mit den Deckenfresken von Johann Evangelist Holzer erhoben hatte, wieder ein Acker.

Der neuen kurpfalzbayerischen Regierung sind gleich wohl wichtige und notwendige Neuerungen zu verdanken. Eine der wichtigsten dürfte das am 10. Januar 1803 in Würzburg verkündete „Toleranzedikt" sein, das die Freiheit der Religion einführte und vor allem Protestanten die ungehinderte Ausübung ihres Glaubens gewährte. Sichtbarer Ausdruck war 1803 und endgültig 1816 die Überlassung der Klosterkirche St. Stephan an die Würzburger protestantische Gemeinde. Bemerkenswert ist, dass sich umgekehrt die seit 1542 protestantische Stadt Schweinfurt schwertat, den Katholiken die kaum benutzte Heilig-Geist-Kirche für den Gottesdienst abzutreten. Ferner wurde die Theologie an der Universität Würzburg fortan nicht mehr nur katholisch, sondern auch evangelisch gelehrt.

Großherzogtum unter Ferdinand von Toskana

Nach dem Frieden von Preßburg vom 26. Dezember 1805 wurde das Hochstift Würzburg bereits wieder aus Bayern ausgegliedert. Es avancierte zu dem für Erzherzog Ferdinand von Toskana (1769–1824) geschaffenen souveränen Großherzogtum. Der Bruder von Kaiser Franz II. wurde damit für Salzburg entschädigt. Diese Kehrtwende wurde am 1. Februar 1806 in Würzburg mit militärischem Pomp bekannt gemacht:

Bürgerkavallerie und Infanterie marschierten mit Pauken und Trompeten auf dem Residenzplatz auf. Danach wurde die Bekanntmachung verlesen, der zufolge Würzburg als Großherzogtum wieder selbstständig werden sollte. Äußeres Zeichen war der Austausch der bayerischen Wappen durch die des Großherzogtums.

Welche Hoffnungen und Erwartungen auf dem neuen Großherzog und der wiedergewonnenen Eigenstaatlichkeit ruhten, verdeutlichen die Zeilen von Franz Oberthür (1745–1831): „Wir sind wieder freie Franken, wir sind wieder eine eigene Nation unter einem eigenen Fürsten, werden alle rufen, wenn sie frei hinblicken können auf den alten Stammsitz der alten Franken [...] Auf diesem Platz soll nach vielen Jahren, die ihn uns die Vorsicht noch lebend schenken wolle, die Apotheose dieses Fürsten, dieses Stifters einer neuern Dynastie, vollendet werden!" Die Worte galten einer inmitten der Würzburger Festung zu errichtenden Grablege für die durch Ferdinand von Toskana neu zu begründende Herrscherdynastie mit seiner aus Buntsandstein gemeißelten Statue. Nichts davon sollte sich erfüllen

Als Ferdinand am 1. Mai 1806 in Würzburg einzog, begrüßte man ihn freudig, da man sich vom neuen Landesherrn

Großherzog Ferdinand von Würzburg. – Ölgemälde von Karl Kaspar Fesel, 1809.

größere Freiheiten als von den Bayern erhoffte. Die katholische Kirche sah in ihm einen in Fragen des Glaubens aufgeschlosseneren Herrn. Weihbischof Zirkel erreichte, dass Ferdinand 1807 auf sein Patronatsrecht bei der Besetzung der Pfarreien verzichtete. Die Bettelordensklöster bis auf Kitzingen und Ochsenfurt durften wieder Novizen aufnehmen. Ab September 1809 wurde an der Universität wieder ausschließlich katholische Theologie gelehrt und die Theologische Fakultät mit dem Priesterseminar vereinigt.

Bis auf den Fortbestand der Bettelorden fielen die meisten Regelungen nach 1814 jedoch den kirchenpolitischen Vorstellungen des Ministers Montgelas zum Opfer. In einem zwischen Papst Pius VII. und König Maximilian Joseph ausgehandelten Konkordat von 1818 wurde Würzburg außerdem der neuen Erzdiözese Bamberg nachgeordnet. Auch sonst erfüllte Ferdinand nicht alle in ihn gesetzten Hoffnungen. Sein Großherzogtum von Napoleons Gnaden war Mitglied des Rheinbundes. Trotzdem gelang es ihm nicht, das von Bayern zurückbehaltene Gebiet des vormaligen Zisterzienserklosters Ebrach mit seinen reichen Besitzungen wieder an Würzburg zu bringen. Außerdem verstärkte das Großherzogtum die Armee

Napoleon und Marie Louise in Würzburg

Viele Einquartierungen französischer Soldaten waren zu bewältigen. Am 2. Oktober 1806 zog der aus Aschaffenburg kommende Kaiser Napoleon im achtspännigen Postwagen in Würzburg ein und reiste am 6. Oktober nach Bamberg weiter. Mit seinen Gardetruppen hielten sich rund 100 Generäle nebst Entourage auf, die untergebracht und verpflegt werden mussten. 1808 waren es vor allem Truppen auf dem Weg nach Spanien, die sich in Franken sammelten. Ein großes Ereignis war der Besuch der Kaiserin Marie Louise von Österreich, Gemahlin Napoleons, die vom 7. bis 14. Juli 1812 ihren Onkel Großherzog Ferdinand besuchte. Zum Programm dieses Besuchs gehörte eine Stippvisite eines Aussichtspunkts oberhalb von Wipfeld, der bis heute Louisenhöhe heißt. Mit dem Untergang der Großen Armee in Russland steigerten sich Einquartierungen ab Ende 1812 weiter.

Napoleons 1813 um die – gemessen an seiner Größe – gewaltige Zahl von 7.370 Soldaten.

Ausgehend vom heutigen Unterfranken hatten Aschaffenburg und der Untermain in diesen unruhigen Zeiten eine Sonderrolle: Seit 1802 regierte in Mainz Karl Theodor von Dalberg (1744–1817). Für ihn wurde 1803 ein „Erzkanzlerischer Kurstaat" aus Aschaffenburg, Regensburg und Wetzlar gebildet. Mit Gründung des Rheinbundes 1806 unter Dalbergs Führung erhielt dieser noch Frankfurt dazu und durfte sich Fürstprimas nennen. Im selben Jahr dankte Kaiser Franz ab. Damit hatte das Heilige Römische Reich Deutscher Nation sein Ende gefunden.

Erneut wurde bis 1810 über den künftigen Zuschnitt der Herrschaften verhandelt. Dalberg musste das Fürstentum Regensburg an Bayern abgeben und sein Primatialstaat bekam als neues Großherzogtum Frankfurt das einstige Fürstentum Hanau und das ehemalige Hochstift Fulda. Nach Dalbergs Tod sollte Napoleons Stiefsohn Eugen de Beauharnais diesen Staat als französische Sekundogenitur regieren.

1814: (Unter-)Franken wird endgültig bayerisch

1813 drehte sich das Rad der Geschichte weiter: Napoleon verlor den Feldzug gegen Russland, sein Stern sank. Dalberg resignierte und zog sich 1813 auf sein Amt als Erzbischof von Regensburg zurück, wo er 1817 starb. Aus dem aufgelösten Großherzogtum Frankfurt sicherte sich das junge Königreich Bayern, das sich rechtzeitig vom Rheinbund gelöst hatte, in den Pariser Verträgen von 1814 Aschaffenburg und den Untermain. Danach zog Ferdinand von Toskana zurück nach Florenz in seine Stammlande. Dort regierte er noch zehn Jahre als Großherzog. In Würzburg erinnern an ihn die in seiner Zeit ausgestatteten Toskana-Zimmer in der Residenz und der Himmelsaal in Schloss Werneck. Ansonsten hat er eine reiche Sammlung fränkischer Kunst aus den aufgelösten Klöstern und Stiften nach Florenz in den Palazzo Pitti mitgenommen – ein bisher weitgehend unbeachtetes Thema.

Allegorie auf den Anschluss Frankens an Bayern. – Ölskizze des Martin von Wagner, wohl um 1803.

Auch dieser erneute Übergang Unterfrankens an Bayern verlief friedlich und ohne dass ein Schuss fiel. Am 12. April 1814 kenterten allerdings 62 Soldaten des Jägerregiments „Banner der freiwilligen Sachsen“ und drei Schiffleute beim Versuch, mit einer Fähre bei Miltenberg den Main zu überqueren.

Der Münchner Vertrag vom 14. April 1816 schuf endgültige Verhältnisse: Bayern erhielt das ehemalige Fürstbistum Würzburg und das mainzische Fürstentum Aschaffenburg, den Südteil des früheren Fürstbistums Fulda, die einstige Reichsstadt Schweinfurt sowie die Herrschaften des Adels und der Reichsritter nebst vielen Klöstern und geistlichen Besitzungen. Aus all diesen einzelnen Landesteilen wurde 1816 der bayerische Untermainkreis als Verwaltungseinheit geformt – ein Name, der bis 1837 Bestand hatte. Die Namensfindung orientierte sich an französischen Vorbildern: Sie benannte den Kreis nach dem die Region dominierenden Fluss und ordnete ihn in Anlehnung an den Obermainkreis seinem Unterlauf zu.

Formal wurden die Beamten vorher aus ihren für das Haus Österreich geleisteten Diensten in Ehren entlassen und anschließend wie auch das Militär auf den König von Bayern vereidigt. Außerdem erhielten die neuen Herren die für diesen Zweck eigens gefertigten Würzburger Stadtschlüssel, die im Museum für Franken erhalten sind. Wieder wurden an den staatlichen Gebäuden die Wappen gegen bayerische ausgetauscht.

Aus dem Großherzogtum Hessen-Darmstadt kam schließlich 1816 am Untermain noch der untere Kahlgrund mit dem Amt Alzenau nebst den Freigerichten Alzenau und Hörstein sowie der Vogtei Geiselbach an Bayern, genauso wie die Ämter Amorbach, Miltenberg und Kleinheubach. Von 1816 bis 1819 folgten die früheren fürstbischöflich fuldischen Ämter Hammelburg und Brückenau sowie Steinfeld. Das Königtum Bayern hatte damit nicht nur Franken – wie übrigens zur selben Zeit auch Schwaben – in sein Gebiet eingegliedert, sondern es hatte sich von einem durch die Donau als Strom dominierten Staat in einen Donau-Main-Staat gewandelt.

Die mittlere Verwaltungseinheit der Generalkreiskommissariate, in die das spätere Königreich Bayern eingeteilt war, wurde 1817 aufgelöst und durch die Kreise ersetzt, an deren Spitze je ein Generalkommissär stand (ab 1838 Regierungspräsident). Hauptstadt des Untermainkreises wurde Würzburg. Seit 1850 hatte die Regierung ihren Sitz in den Räumen des ehemaligen Klosters St. Stephan. Diese Gebäude fielen dem Angriff am 16. März 1945 zum Opfer und wurden durch einen Neubau an derselben Stelle ersetzt.

Die bayerische Königsfamilie bemühte sich durch häufige Anwesenheit um guten Kontakt mit den neuen fränkischen Untertanen. Max I. Joseph und seine Gemahlin weilten bereits am 23. August 1814 in Aschaffenburg. Kronprinz Ludwig residierte bis zu seiner Thronbesteigung 1825 in den Schlössern Würzburg und Aschaffenburg. Von der anfänglichen Beliebtheit Ludwigs I. zeugt ein Fest im Platz'schen Garten, das die Stadt Würzburg 1827 zu seinen Ehren veranstaltete. Kritisch für das Verhältnis zwischen dem jungen König und (Unter-) Franken waren jedoch vor allem die Jahre nach dem Gaibacher

Fest von 1832 (s. S. 116) oder die unruhige Zeit vor seinem erzwungenen Rücktritt 1848.

Gerne hielt sich der Kronprinz insbesondere in Aschaffenburg auf, wo unter anderem das zwischen 1840 und 1848 erbaute Pompejanum an ihn erinnert. Später bereitete er den Frankens Wirtschaft fördernden Ludwig-Main-Kanal vom Aschaffenburger Schloss aus vor. Am Herzen lag ihm die Not der Menschen im Spessart, für die er in den 30er-Jahren den „Spessarter Hilfsfonds" errichtete. Überdies hat Ludwig die historisch gewachsene Sonderrolle Aschaffenburgs in seinem Königreich nicht zuletzt dadurch gewürdigt, dass er dem zunächst alleine „Untermainkreis" genannten Raum 1837 den Namen „Unterfranken und Aschaffenburg" geben ließ. Sogar nach seiner Abdankung 1848 blieb er dieser Region verbunden. In seinen späten Jahren reiste er z. B. in seine Winterresidenz nach Nizza unter dem Pseudonym „Comte de Spessart".

Ein beliebter Aufenthaltsort Ludwigs I. war Bad Brückenau. Der Kurort erhielt z. B. mit dem von Johann Gottfried Gutensohn ab 1827 errichteten Kursaal sein biedermeierliches Gesicht. Ähnlich engagierte er sich für den Arkadenbau in Bad Kissingen.

Nachdem Bischof Georg Carl von Fechenbach 1808 in Bamberg verstorben war, wählte das Domkapitel in Würzburg zunächst keinen Nachfolger. Stattdessen bestimmte Papst Pius VII. Johann Franz Freiherr von Schenk zu Stauffenberg zum Kapitularvikar, also zum Vorsteher des Bistums in der Zeit ohne Bischof. Erst zehn Jahre später nominierte am 5. September 1818 der bayerische König Maximilian I. Joseph den Bamberger Generalvikar Friedrich von Groß zu Trockau zum 79. Bischof von Würzburg, der am 18. November 1821 im Eichstätter Dom geweiht wurde. Groß engagierte sich besonders für die Reorganisation seines Bistums und setzte sich für die Ausbildung der Priester ein. Ferner weihte er drei im neoklassizistischen Stil erbaute Kirchen in Wonfurt (1824), Neustadt/Saale (1836) und Eltmann (1839). Er starb am 21. März 1840.

Im Königreich Bayern

Würzburg auf der Suche nach einer neuen Rolle

Nach 1814 war Würzburg zwar nicht mehr Hauptstadt eines souveränen Staates. Aber der Stadt blieb die traditionsreiche Universität, die Würzburg im weiteren Verlauf des 19. Jhs. zu einem wichtigen Wissenschaftsstandort in Bayern werden ließ. Und der Stadt blieb der Bischofssitz. Weihbischof Gregor von Zirkel setzte sich für eine Stärkung der katholischen Kirche in Deutschland ein und versuchte ab 1814, das von Montgelas angestrebte Konkordat mit Papst Pius VII. zu beeinflussen. Der von einigen Zeitgenossen als zweiter Bonifatius titulierte Zirkel starb jedoch bereits mit 55 Jahren Ende 1817 als ernannter Bischof von Speyer.

Würzburg wurde der Regierungssitz des Kreises und damit zahlreicher anderer zentralörtlicher Funktionen und Organisationen, die ihm den Ruf einer Beamtenstadt eintrugen. Auf Initiative des Theologieprofessors Franz Oberthür gründete sich 1806 der Polytechnische Zentralverein. Hauptidee war das noch der Aufklärung verpflichtete Recht eines jeden Bürgers auf Bildung entsprechend seiner Talente. Der Verein förderte fähige junge Handwerker durch Lehrgänge oder Kurse im Zeichnen. Mit Unterstützung der Kunst- und Gewerbeförderung durch König Max I. Joseph setzte er sich auch für die strukturschwachen Gebiete in Rhön, Spessart und Kahlgrund ein. Die Bevölkerung in den Dörfern am Südhang des Kreuzbergs rund um Sandberg verdiente sich in den Wintermonaten mit Schnitzereien ein Zubrot. Neben Löffeln und Küchenutensilien aus Holz wurden die Kurgäste in Kissingen und andernorts mit Schaukelpferden und Holzfiguren als Souvenirs erfreut. Aus dieser Tradition wurde 1852 die noch bestehende Holzschnitzschule in Bischofsheim an der Rhön gegründet. Ferner förderte man im Kahlgrund die Fabrikation von Zigarren und die Perlenstickerei sowie im Spessart die Herstellung von Konfektionskleidung.

Unterfränkische Kurbäder

Hauptort der Bayerischen Bäderregion ist Bad Kissingen; weitere Bäder finden sich in Bad Bocklet und Bad Brückenau sowie in Bad Neustadt und Bad Königshofen. Bad Kissingen besitzt das größte Ensemble historischer Kurbauten in Europa, das vor allem König Ludwig I. (reg. 1825–48) und Prinzregent Luitpold (reg. 1886–1912) zu verdanken ist. Den Ruf als Weltbad begründete der Ort im 19. Jh., als gekrönte Häupter aus ganz Europa – von Kaiser Franz Joseph I. bis zu Zar Alexander II. – hier zur Kur weilten. Fürst Otto v. Bismarck genoss die Heilquellen ebenso wie die Maler Adolph Menzel und Max Liebermann.

Schweinfurt seit der Mediatisierung

Dem 5.226 Einwohner zählenden evangelischen Schweinfurt war seit 1802/03 von seinem Status als Reichsstadt nichts geblieben. Die zu seinem Territorium gehörenden Dörfer Zell, Weipoltshausen, Madenhausen und das vor den Toren der Stadt gelegene Oberndorf wurden selbstständig. Abgesehen von Oberndorfs Eingemeindung 1918 sollte sich seitdem die Gemarkung von Schweinfurt nicht mehr vergrößern. Die Gebietsreform der 1970er-Jahre brachte der Stadt außer 2,4 km² Fläche auf Grafenrheinfelder Gemarkung für das ambitionierte Industriegebiet Maintal keinen Gebietszuwachs.

Schweinfurt war während der Napoleonischen Kriege durch Kontributionen und Truppendurchzüge finanziell völlig ausgeblutet. Noch vor 1803 musste die Stadt alles, was sich irgendwie zu Geld machen ließ, einschließlich der Weinfässer im Ratskeller, verkaufen. Es dauerte Jahrzehnte, bis sie wieder einigermaßen handlungsfähig war. Anders sah es mit der Liquidität ihrer Bürger aus, die die Veränderungen besser meisterten. Seit den 1780er-Jahren hatte sich mit Unternehmern wie Johann Martin Schmidt oder Johann Georg Gademann, zu denen nach der Jahrhundertwende der junge Wilhelm Sattler gestoßen war, eine neue Form von Handel und Unternehmertum etabliert. Aus der Stadt, in der einst neben Ackerbürgern

Fischer und Schiffer sowie Winzer und Weinhändler dominierten, wurde in der ersten Hälfte des 19. Jhs. die Stadt der Kaufleute: Bleiweiß und Schweinfurter Grün bildeten für zwei Generationen die Grundlagen von Prosperität und Wohlstand. Der Unternehmer „Sattler" begann ab 1814 gemeinsam mit dem Apotheker Ruß Schweinfurter Grün als lichtechtes grünes Pigment für Malerfarben und Tapeten herzustellen. Bereits nach wenigen Jahrzehnten erwies sich die Farbe als gesundheitsschädlich und wurde verboten. Noch 2015 mussten die Giftrückstände im Boden der Schonunger Fabrik mit Millionenaufwand saniert werden.

Mit dem Anschluss 1852 an das Eisenbahnnetz der Ludwigs-West-Bahn und der Errichtung des Zentralbahnhofs im Westen sowie dank einiger findiger Köpfe hielt jedoch bald eine völlig neue Industrie Einzug, die Stadt und Umland bis in die Gegenwart prägt: 1896 nahm die von Friedrich Fischer gegründete Firma „Kugelfischer" ihren Betrieb auf, 1907/08 folgten „Fries & Höpflinger" und 1915 „Fichtel & Sachs". Alle Unternehmen haben ihren Anfang mit Kugellagern begründet.

Mit dem stetig größeren Angebot an Arbeitsplätzen war eine rasant steigernde Bevölkerung verbunden, die 1939 vor Kriegsausbruch bei 49.321 Einwohnern lag. Deswegen wurde zwischen den Kriegen der genossenschaftliche Wohnungsbau gefördert; unter anderem entstand die Gartenstadt an der Maibacher Straße. Der Industrie sind Bauten wie das Ernst-Sachs-Bad (1933) oder das Willy-Sachs-Stadion (1936) zu verdanken.

Mit der Aufrüstung von Nazi-Deutschland wurde Schweinfurt Militärstandort, und jenseits der Stadtgrenze entstand auf Geldersheimer Gemarkung ein Flugplatz. Die militärischen Anlagen nutzte die US Army nach 1945 weiter und vergrößerte sie im Kalten Krieg bis in die 1990er-Jahre massiv. Wegen der kriegswichtigen Bedeutung der Industrieproduktion wurden bis 1945 die als Soldaten eingezogenen Arbeiter durch über 10.000 Zwangsarbeiter ersetzt. Von 1943 bis 1945 zerstörten alliierte Bomben die Hälfte aller Wohnungen und vier Fünftel der Industrieanlagen. Die Zahl der Einwohner sank bis Ende des Krieges auf 23.579, die zumeist in den Ruinen hausten.

Ungeachtet der Tatsache, dass zusätzlich noch rund 5.000 Flüchtlinge und Heimatvertriebene aufgenommen und integriert werden mussten, waren zehn Jahre nach Kriegsende die meisten Schäden an den Industrie- und Wohnbauten wieder beseitigt und mit dem Bergl sogar ein neuer Stadtteil im Entstehen. Zahlreiche Schulen einschließlich einer Fachhochschule, Kirchen und Verwaltungsbauten ließen Schweinfurt zu einer modernen Stadt mit hoher Lebensqualität werden. Angesichts knapp werdender Ressourcen waren Anfang der 1960er-Jahre der „Sprung über den Main“ und die Erschließung des Hafens von grundsätzlicher Bedeutung. Ende der 1960er-Jahre lebten rund 60.000 Menschen in der Stadt.

Obwohl es mit Haardt, Deutschhof, Eselshöhe und Zeilbaum neue Baugebiete gab, genügte das dem Bedarf nicht. Deshalb zogen und ziehen nach wie vor viele Menschen, die in Schweinfurt arbeiten, in das nahe Umland. Heute liegt die Zahl der Einwohner bei rund 53.000. Eine schwere Strukturkrise der Schweinfurter Industrie hat insbesondere die 1990er-Jahre geprägt, die in gemeinsamer Anstrengung von Politik und Industrie jedoch bewältigt werden konnte. Eine Maßnahme war der unter der von 1992 bis 2010 amtierenden Oberbürgermeisterin Gudrun Grieser angelegte Gewerbepark „Maintal“ südlich der A 70. In jüngster Zeit hat der Abzug der US Army große Flächen nahe der Innenstadt frei werden lassen, an deren städtebaulicher Erschließung intensiv gearbeitet wird.

Aschaffenburg in bayerischer Zeit

Das über 800 Jahre zum Kurfürstentum Mainz gehörende Aschaffenburg erlebte die Zeit nach 1814 respektive 1816 am intensivsten. Das Schloss, das Kanoniker-Stift St. Peter und Alexander sowie die „Fürstlich-Primatische und Erzbischöflich-Regensburgische Universität“ waren Zeugen einer großen Vergangenheit. Noch unter Dalberg mochte man sich eine Sonderrolle erhofft haben. Dann aber wurde Aschaffenburg ein Teil des Königreichs Bayern und verlor seine früheren Privilegien: Die Verwaltungsformen der Dalberg-Zeit wurden abgeschafft, die Universität wurde mehr und mehr heruntergestuft, um schließlich 1873 als Lyzeum endgültig aufgehoben zu werden. Das spiegelte sich auch in der Bevölkerungszahl wider, die bis zum Beginn der 1860er-Jahre bei kaum mehr als 15.000 lag.

Andererseits wertete der bayerische Staat die private Forstschule 1819 zu einer staatlichen Forsthochschule auf, die 1840 einen Neubau erhielt, aber 1910 nach München verlegt wurde. Ludwig I. förderte 1826 den Neubau eines städtischen Krankenhauses und den Ausbau des Straßennetzes. 1839 wurde schließlich die erste evangelische Kirche erbaut und 1844 folgte als Prestigeobjekt die von Friedrich von Gärtner errichtete Nachbildung eines pompejanischen Wohnhauses, das Pompejanum. Außerdem trugen die Papierindustrie und die Steingutfabriken in Damm zur Stabilisierung der Wirtschaft bei. Der Anschluss Aschaffenburgs an die von Bamberg nach Frankfurt führende Ludwigs-West-Bahn 1854 zog erhebliche Investitionen nach sich und führte binnen kurzem zu einer Art Bahnhofsvorstadt.

Aschaffenburg zählte am Ende des Ersten Weltkriegs rund 30.000 Einwohner, Tendenz steigend. Nur unwesentlich berührt von den Unruhen 1918/19 setzte sich die gute ökonomische Entwicklung ab den späten 1920er-Jahren fort. Nachdem die Orte Damm und Leider seit 1901 längst zu Aschaffenburg gehörten, sicherte 1939 die Eingemeindung von Schweinheim die notwendigen Entwicklungsflächen für Wohngebiete und Industrie. Die Einwohnerzahlen stiegen auf etwa 43.000.

Im 19. Jh. wurde die jüdische Gemeinde in Aschaffenburg mit rund 700 Mitgliedern zu einer der größten in Unterfranken, die Wirtschaft und Gesellschaft in der Stadt stark geprägt hat. Äußeres Zeichen war die 1893 erbaute neue Synagoge am Wolfsthalplatz. Im November 1938 wurde diese Synagoge zerstört und bis 1942 durch nationalsozialistische Schergen das blühende jüdische Leben nahezu völlig ausgelöscht. Daran erinnern heute Gedenksteine und ein Skulpturenbrunnen.

Am Ende des Zweiten Weltkriegs war Aschaffenburg von den Bomben ruiniert und die Einwohnerzahl auf rund 30.000 gefallen. Große Teile südlich des Bahnhofs und Wohngebiete vor allem im Stadtteil Damm waren getroffen worden. Die Stadt war aber noch so vital, dass die Industrieproduktion in den Bereichen Bekleidung und Papier bald wieder einsetzen konnte. Ein Wirtschaftsplan lenkte ab 1958 den Wiederaufbau in geordnete Bahnen. In den 1960er-Jahren begann für Aschaffenburg außerdem das Autozeitalter: Die entsprechende Zulieferindustrie und der Anschluss an die A 3 prägen seitdem wesentliche Teile des Lebens. In der Gebietsreform konnten in den 1970er-Jahren die Gemeinden Gailbach und Obernau sowie Teile der Gemarkung von Großostheim und Mainaschaff eingemeindet werden – Basis für die Ansiedlung weiterer großer Industriebetriebe.

Wie zahlreiche andere Städte in Unterfranken war Aschaffenburg im 20. Jh. stark militärisch geprägt. Nach 1945 bauten die Amerikaner die Stadt zu einem wichtigen Stützpunkt mit 10.000 Soldaten und Zivilbeschäftigten aus. In den 1990er-Jahren zog die Army dann innerhalb von nur 20 Monaten ab. Parallel dazu reduzierte die Deutsche Bahn ihren Flächenbedarf, so dass der Stadt Aschaffenburg nun 120 Hektar wertvolle Konversionsfläche zur Ansiedlung von Wohn- und Gewerbegebieten zur Verfügung standen.

Im zweiten Jahrzehnt des 21. Jhs. hat Aschaffenburg rund 63.000 Einwohner. Dabei gilt aber auch: Aschaffenburg mag politisch ein wichtiger Teil Bayerns sein; kulturell und wirtschaftlich suchte und sucht es hingegen bis in die Gegenwart den Anschluss an Frankfurt am Main.

Jüdische Kultur in Unterfranken

Der erste Würzburger Rabbiner ist für das Jahr 1147 bezeugt. 1212 lässt sich ein Jude „Habraham de Swinfurt“ urkundlich belegen. In der zweiten Hälfte des 13. Jhs. ist der nach seinem Herkunftsort benannte Lyriker Süßkind von Trimberg, in dem man einen Juden vermutet, in die Geschichte eingegangen. Vor allem in der Frühen Neuzeit verlagerten sich jüdische Wohnorte zunehmend in die ländlichen Gebiete. Ursache waren mehrere Pogrome im 13. und 14. Jh.: 1349 wurde die Syna-

Die „Judensteine" aus der Pleich

Besonders rigoros war die Judenpolitik von Fürstbischof Julius Echter (reg. 1576–1617), der Juden nicht in Würzburg tolerierte. Er ließ den östlich der Pleicher Vorstadt gelegenen Judenfriedhof für sein Spital von 1576 planieren. 1987 kamen beim Abbruch des ehemaligen Klosters St. Markus an die 1.500 darin vermauerte jüdische Grabsteine von diesem zerstörten Friedhof wieder zum Vorschein. Die Steine aus der Zeit zwischen 1147 und 1346 bilden seit 2006 das „Fundament" des jüdischen Gemeindezentrums „Shalom Europa" in Würzburg.

goge auf dem Würzburger Marktplatz – damals ein Sumpfgebiet mitten in der Stadt – zerstört und dort ab 1377 die Marienkapelle erbaut.

Vom 16. Jh. bis 1803 bestand ein Niederlassungsverbot für Juden in den Städten. Nach einer Zwischenstation vermutlich in Aub befand sich das Oberrabbinat von der Mitte des 17. Jhs. bis 1813 in Heidingsfeld, wo 1780 eine barocke Synagoge errichtet worden war, bevor es nach Würzburg verlegt wurde. In eigenen Schutzbriefen, die Fürstbischöfe, Reichsritter, Reichsstädte und -dörfer, aber auch Stifte und Klöster gegen Bezahlung ausstellten, wurde die Ansiedlung von jüdischen Familien geregelt. Daraus entwickelte sich in Unterfranken das Landjudentum als besonderes Merkmal der Region. Vor allem die Reichsritterschaft sah in der Ansiedlung jüdischer Familien eine Möglichkeit des Landesausbaus. Jüdische Kleinhändler gehörten fortan zum Bild der unterfränkischen Dörfer und kleineren Städte, wovon dort bis heute zahlreiche Friedhöfe stummes Zeugnis ablegen.

Das bereits 1813 verkündete Bayerische Judenedikt trat in Unterfranken 1816 in Kraft. Fortan waren Juden von Schutzgeld oder Leibzöllen befreit und hatten größere Freiheiten in ihrer Erwerbsarbeit. Dafür mussten sie sich in Matrikeln erfassen lassen und deutsche Familiennamen annehmen. Das Judenedikt bildete eine wichtige Etappe auf dem Wege zur Gleichstellung jüdischer Mitbürger. Aufgrund der Matrikeln nimmt man an, dass im frühen 19. Jh. in Unterfranken etwa 3.300 jüdische Familien in 216 Orten lebten. Die größten Gemeinden waren in Heidingsfeld (190 Haushalte), Niederwerrn (91), Reckendorf (80), Thüngen (63) und Höchberg (51). Die Juden betrieben meist Handel mit Vieh und Waren der verschiedensten Art. Die meisten Gemeinden verfügten über Synagogen, Ritualbäder und Schulen. Es gab jedoch nur drei Rabbiner, einige wenige Gelehrte sowie 31 Lehrer. Wegen der anfangs strengen Matrikelbestimmungen wanderten vor allem junge Juden aus Unterfranken weg.

Erst 1871 erhielten die Juden die volle rechtliche Gleichstellung und damit die Niederlassungsfreiheit. Im Laufe des 19. Jhs. entstanden in einigen Hauptorten teilweise große Synagogen: Aschaffenburg (1890–93), Kitzingen (1882/83), Schweinfurt (1874) oder Würzburg (1837). Bis auf die Kitzinger Synagoge wurden alle 1938 von den Nazis bzw. durch Bombenangriffe zerstört.

Im Ersten Weltkrieg kämpften jüdische Soldaten und Offiziere Seit an Seit mit ihren nichtjüdischen Kameraden. Im Laufe der 1920er-Jahre setzte sich ein latenter Antisemitismus, genährt auch durch die Weltwirtschaftskrise, immer mehr durch.

Auch in Unterfranken regierte fortan der Terror gegen Andersdenkende und vor allem gegen Juden. „Schutzhaft" und Konzentrationslager unter härtesten Bedingungen waren an der Tagesordnung. Von Berlin zentral gesteuert, wütete am 9. und 10. November 1938 der Mob. Vor aller Augen misshandelte die SA Juden, plünderte ihre Geschäfte und Wohnungen, schändete die Synagogen und steckte sie meist in Brand. 1933

Der Habima-Skandal von 1930

Einen Vorgeschmack auf die Judenverfolgung nach 1933 bot 1930 der Habima-Skandal: Während eines Auftritts des jüdischen Habima-Theaters in Würzburg inszenierte ein jugendlicher NS-Mob einen Skandal und beschimpfte Oberbürgermeister (1921–33 und 1946–48) Hans Löffler als „Judenbürgermeister". Gauleiter Otto Hellmuth forderte Löffler 1931 unter anderem auf, nicht alleine „bei der Eröffnung jüdischer Warenhäuser große Reden zu halten, sondern für das geistige Wohl seiner Bürger zu sorgen und keinen Schmutz darbieten zu lassen wie das Habima-Theater."

gab es in Unterfranken rund 9.000 Juden, davon 3.000 in Würzburg. Wer es sich leisten konnte, versuchte, vor den Nazis zu flüchten, aber 1939 lebten in der Stadt noch 1.200 Juden: entehrt, entrechtet, verfemt. 1940 wurde die Arbeit des Distriktsrabbinates in Würzburg eingestellt. Ab 1939 leitete Göring die „Endlösung der Judenfrage" ein, die am 30. März 1941 in den von Hitler befohlenen Holocaust mündete. Bereits am 26. November 1941 mussten sich die ersten 202 Juden in der Würzburger Stadthalle hinter dem Stadtbahnhof versammeln, um tags darauf über den Güterbahnhof Aumühle in Vernichtungslager geschafft zu werden. Weitere Transporte aus ganz Unterfranken folgten. Am 17. Juni 1943 konnte die Gestapo in ihrem „Schlussbericht" zynisch melden, dass „2.063 Juden aus Mainfranken abgewandert sind".

Nach diesen furchtbaren, jegliche Menschlichkeit ins Gegenteil kehrenden Verbrechen war Unterfranken dem Nazi-Vokabular zufolge „judenfrei". Wie durch ein Wunder hatten jedoch 21 Mitglieder der Vorkriegsgemeinde das KZ Theresienstadt überlebt und bildeten nach Kriegsende zusammen mit einigen sogenannten *Displaced Persons* eine neue jüdische Gemeinde in Würzburg. Von 1958 bis 1996 amtierte der aus dem israelitischen Exil zurückgekehrte David Schuster als Gemeindevorsitzender. Nach 1991 kamen Zuwanderer aus der einstigen Sowjetunion hinzu. 2001 wurde das Distriktsrabbinat reaktiviert. Der Mediziner Dr. Josef Schuster, ab 1998 Gemeindevorsitzender, ist seit 2014 Präsident des Zentralrats der Juden in Deutschland. Herzstück der jüdischen Kultur in Würzburg heute ist das 2006 eingeweihte neue Gemeinde- und Kulturzentrum „Shalom Europa".

Von der Bayerischen Verfassung von 1818 bis zur Revolution von 1848

Im Wiener Kongress von 1814 wollten die deutschen Fürsten, das künftige Verhältnis zu ihren Völkern durch verbindliche Verfassungen ordnen. Ein erster Versuch in Bayern von 1808 hatte zwar das Ende der Leibeigenschaft gebracht, konnte

Grundsteinlegung der Gaibacher Konstitutionssäule. – Ölgemälde von Peter von Hess, 1822/23.

sich aber sonst nicht recht durchsetzen. Umso wichtiger war die von Maximilian I. Joseph am 28. Mai 1818 als eine der ersten in Deutschland gegebene Bayerische Verfassung. Mit dieser Konstitution wurde Bayern zu einem modernen Verfassungsstaat.

Im Zusammenhang mit der Errichtung der Konstitutionssäule entwickelten sich die Gaibacher Verfassungsfeste. Eine wichtige Rolle spielte Wilhelm Joseph Behr (1774–1851). Der früher mit Ludwig befreundete Hofrat und Professor der Universität Würzburg, Abgeordneter im Bayerischen Landtag von

Die Gaibacher Konstitutionssäule

Ein Denkmal der Verfassung ist die Konstitutionssäule, die Graf Erwein von Schönborn (1776–1840) zwischen 1821 und 1828 auf dem Sonnenberg bei Gaibach nach Plänen des Münchner Architekten Leo von Klenze errichten ließ. Die feierliche Grundsteinlegung in Anwesenheit Kronprinz Ludwigs am 26. Mai 1821 wurde durch den Maler Peter von Hess in einem minutiös durchgearbeiteten Gemälde festgehalten. 30.000 Menschen sollen bei der Einweihung des Denkmals am 22. August 1828 in Anwesenheit König Ludwigs I. dabei gewesen sein.

Wilhelm Joseph Behr. – Pastellgemälde von Johann Georg Hirschmann, 1819.

1818 und Erster Bürgermeister von Würzburg von 1821 bis 1832 hatte sich als Vorkämpfer freiheitlicher Ideen in Franken profiliert. Auf dem Fest von 1832 kritisierte er König und Verfassung wegen fehlender Teilhabe des Volks an den demokratischen Prinzipien. Die fanatisierten Zuhörer sollen ihn darauf zum „Frankenkönig" ausgerufen haben, weshalb ihn Ludwig zu langjähriger Festungshaft verurteilen ließ. Später rehabilitiert, wurde er 1848 Abgeordneter des ersten deutschen Parlaments in der Frankfurter Paulskirche. Ähnlich erging es dem Arzt und Publizisten Dr. Johann Gottfried Eisenmann (1795–1867), der ebenfalls 17 Jahre lang inhaftiert war und 1848 Abgeordneter der Paulskirche wurde.

Die Verfassung von 1818 schuf eine in zwei Kammern gegliederte Ständeversammlung. Wahlmänner wählten die Abgeordnetenkammer und die Kammer der Reichsräte versammelte die bis 1803 regierenden Grafen und Fürsten. Außerdem reformierte die bayerische Regierung mit dem Gemeinde-Edikt in mehreren Stufen die Verwaltung der Städte und Landgemeinden. Die Kommunen wurden als Körperschaften gestärkt. Gemeinde- oder Ortsvorsteher ersetzten die Schultheißen (1869 Bürgermeister). Vorläufer der Landkreise waren 1862 die Bezirksämter. Die Gewerbefreiheit 1869 löste die Zunftordnungen ab.

Ebenfalls eine Folge der Verfassung von 1818 war das „Landratsgesetz“ von 1828. Der Landrat war ein den jeweiligen Kreis führendes Gremium aus 24 bis 28 Personen, das der König für die Dauer von sechs Jahren ernannte. Daraus formten sich die Bezirkstage. Der erste unterfränkische Landrat tagte im Dezember 1829 in Würzburg. Die Tagesordnung war vom König vorgegeben worden und die Beschlüsse mussten von ihm genehmigt werden. Ungeachtet diverser Änderungen, vor allem von 1852, trat nach Ende des bayerischen Königtums 1919 in Würzburg ein aus allgemeinen, gleichen, freien und geheimen Wahlen hervorgegangener Kreistag zusammen, der den Organen der Bamberger Verfassung von 1919 verpflichtet war. 1933 wurden die Kreistage „gleichgeschaltet“ und 1938 zu bedeutungslosen Bezirksverbänden gemacht. 1953 reformierte der Freistaat Bayern die Bezirkstage. Repräsentant und Dienstvorgesetzter war zunächst der Regierungspräsident. Seit der Bezirksreform von 1978 agieren die alle fünf Jahre zu wählenden Bezirkstage als dritte kommunale Ebene neben Städten und Landkreisen unter der Leitung eines Bezirkstagspräsidenten selbstständig.

Die Verfassung von 1818 schützte Bayern nicht vor politisch schwierigen Zeiten. Während des Vormärz verlangten immer mehr Bürger in Bayern Teilhabe an den politischen Entscheidungen – vom Gaibacher Fest 1832 war bereits die Rede. Ausdruck dieser vordemokratischen Entwicklung waren die Gründung von Lese- oder Harmoniegesellschaften, Feuerwehren, Turn- und Gesangsvereinen. Diese suchten sich überregional zu organisieren. So fand 1845 in Würzburg das Erste Deutsche Sängerfest statt, für das eigens eine Festhalle erbaut wurde. Ein für 1846 geplantes fränkisches Sängerfest wurde von Ludwig I. verboten. Tagesgespräch war damals übrigens nicht zuletzt seine allzu öffentlich ausgelebte Affäre mit der Tänzerin Lola Montez, die er häufiger im unterfränkischen Brückenau getroffen hatte. Vieles mag zusammengekommen sein; jedenfalls musste Ludwig 1848 nach der Revolution in München zugunsten seines Sohnes Max II. zurücktreten.

Die schwierige Zeit für das junge bayerische Königtum schlug sich unter anderem in Volksversammlungen, wie jener vom 1. April 1849 auf dem Roßmarkt in Schweinfurt, nieder. Es sollen überall Waffen aufgetaucht sein; alleine in Schweinfurt will man sechs Kanonen und 1.100 Gewehre gezählt haben. Adel, Bürgertum und Beamtenschaft in Franken sprachen sich jedoch für den Ausgleich mit München aus. Deshalb war diese „Revolution" mit dem Rücktritt Ludwigs I. im Wesentlichen ausgestanden.

Sein Sohn und Nachfolger Max II. (reg. 1848–64) führte einige Reformen ein. So wurde unter anderem der Landtag nicht mehr nach Ständen gewählt. Schöffen und Geschworene waren in der Rechtsprechung fortan an der Urteilsfindung beteiligt. Allerdings schränkte der König Turnerschaften, Gesangvereine, Feuerwehren und sogar Bildungsvereine ab 1852 in ihren Rechten ein, was deren Entfaltung aber nicht wirklich behinderte. Neuen Aufschwung nahmen damals traditionelle Männerbünde, wie etwa die Freimaurer: 1868 gründete sich in Schweinfurt die Loge „Brudertreue am Main", der 1871 in Würzburg die Loge „Zu den zwei Säulen an der festen Burg" folgte. Noch fehlt eine intensivere Untersuchung zur Bedeutung des früh einsetzenden Vereinswesens für die Ausbildung demokratischer Strukturen.

Eine Missernte brachte 1851 Not und Tod vor allem in Spessart und Rhön. Gemeinsame Initiativen schwächten die schlimmsten Folgen ab. Wichtig waren die Anstrengungen des Würzburger Universitätsprofessors Rudolf Virchow, der den Kahlgrund bereiste und das Elend vor Ort studierte. Seine Berichte lösten eine Welle der Hilfsbereitschaft aus.

1840 war zum 80. Bischof von Würzburg der aus einer kinderreichen Schifferfamilie in Stadtprozelten stammende Georg Anton Stahl (reg. 1840–70) gewählt worden. Auch wenn er später den persönlichen Adel erhielt, war er der erste bürgerliche Bischof auf dem Stuhl des hl. Burkard. Stahl betrieb ebenfalls die wissenschaftliche Ausbildung der Priester und förderte die Ansiedlung weiblicher Ordensgemeinschaften. Darüber hinaus bemühte er sich um die Gründung von Caritas-Vereinen. Gegenüber dem König loyal, dachte er aber „immer vom

Altare her" (Wendehorst, 1965). Höhepunkt in seinem Episkopat war die Würzburger Bischofskonferenz von 1848. Mitten in einem von revolutionärem Lärm erfüllten Umfeld beschlossen die deutschen Bischöfe, eine Trennung von Kirche und Staat nicht anzustreben. Auf dem I. Vatikanischen Konzil in Rom (1869/70) verweigerte der schon todkranke Stahl wie die meisten deutschen Bischöfe seine Unterschrift unter das päpstliche Unfehlbarkeitsdogma.

Universität und Hochschulen

Die 1402 von Bischof Johann I. von Egloffstein (reg. 1400–11) mit päpstlicher Genehmigung gegründete erste Universität in Würzburg ist die älteste auf dem Gebiet des heutigen Bayern, ging aber nach seinem Tod wieder ein. Julius Echter (reg. 1573–1617) hatte 1582 mit seiner Gründung mehr Fortune. Kollegiengebäude und Neubaukirche mitten in der Stadt bilden bis heute das Herz der Universität. An der Wende vom 16. zum 17. Jh. hatte sie an die 1.000 Studenten. Seitdem gehörte ihr weiterer Ausbau stets zu den wichtigen Anliegen der Fürstbischöfe. Johann Gottfried von Aschhausen (reg. 1617–22) förderte die Universitätsbibliothek, die 2019 auf 400 Jahre zurückblicken konnte. Friedrich Karl von Schönborn (reg. 1729–46) gab der Universität 1743 eine neue Studienordnung. Adam Friedrich von Seinsheim (reg. 1755–79) betrieb an der theologischen und der philosophischen Fakultät die Besetzung mit Weltgeistlichen. Darunter waren der Theologe Franz Oberthür († 1831), der Jurist Joseph Maria Schneidt († 1808) und der Historiker Michael Ignaz Schmidt († 1794). Franz Ludwig von Erthal (reg. 1779–95) baute vor allem die medizinische Fakultät im Juliusspital aus. Nach 1803 musste mit Montgelas jedoch lange um die Universität gerungen werden.

In den politischen Auseinandersetzungen der 1830er- und 1840er-Jahre spielte die Institution eine wichtige Rolle. Danach folgte eine Phase wissenschaftlicher Blüte, die in einer ganzen Reihe von bedeutenden Professoren ihren Niederschlag gefunden hat. Beispielhaft sind Namen vor allem im

Bereich der Medizin, wie Wilhelm Conrad Röntgen (1845–1923), Albert von Koelliker (1817–1905) oder Rudolf Virchow (1821–1902). Insgesamt 14 Nobelpreisträger haben wenigstens eine Zeitlang an der Würzburger Universität gewirkt. In jüngerer Zeit waren das Klaus von Klitzing (1985, Physik), Hartmut Michel (1988, Chemie) und Harald zur Hausen (2008, Medizin). Zuletzt hat der Lehrstuhl für Technische Informatik mit „Uwe" einen so genannten Pico-Satelliten gebaut und erfolgreich getestet. Damit sollen die Methoden der Internet-Datenübertragung für den Weltraum fit gemacht werden.

Die Universität Würzburg hat sich in den letzten Jahrzehnten zu profilieren verstanden: Aus 8.000 Studierenden gegen Ende der 1970er-Jahre wurden inzwischen rund 30.000. Seit 1814 heißt sie Julius-Maximilians-Universität. Darin ist die Erinnerung an Fürstbischof Julius Echter als Wiederbegründer im 16. und an König Maximilian I. Joseph als Förderer im 19. Jh. vereinigt.

Die Würzburger Universität ist die einzige in Unterfranken. Immerhin hat die Stadt aber drei weitere Hochschulen: Aus dem 1797 gegründeten Collegium Musicum Academicum Wirceburgense wurde über mehrere Stufen 1973 die Hochschule für Musik. Ein Lehrerbildungsseminar wurde als Institut für Pädagogik in die Universität eingegliedert. 1951 schuf man das Balthasar-Neumann-Polytechnikum, dem 1958 ein zweiter Standort in Schweinfurt mit Schwerpunkt Maschinenbau angeschlossen wurde. Daraus entwickelte sich 1971 die Fachhochschule Würzburg-Schweinfurt, die seit 2011 unter dem Namen Hochschule für angewandte Wissenschaften firmiert. Neben der von Beginn an intensiv gepflegten Zusammenarbeit mit der Großindustrie in Schweinfurt hat die Fakultät Elektrotechnik unlängst ihre Fühler nach Bad Neustadt/Saale ausgestreckt und dort ein Technologietransferzentrum installiert, das sich vor allem der wissenschaftlichen Forschung rund um die Elektromobilität widmet. Anfangs nur eine Zweigstelle der Hochschule Würzburg-Schweinfurt, wurde die Fachhochschule Aschaffenburg, die ihre Wurzeln in dem 1807 gegründeten Forstinstitut sieht, 200 Jahre später als

Hochschule für angewandte Wissenschaften – seit 2019: Technische Hochschule – ebenfalls selbstständig.

Renaissance der „altdeutschen" Kunst

Den Anfang einer romantisierenden Wiederentdeckung der deutschen Gotik machte 1821 der historisch engagierte Legationsrat Carl Gottfried Scharold (1769–1847) mit seiner Eloge auf die Würzburger Marienkapelle: Er feierte sie als „herrlich Denkmal gothischer Bauarth des Mittelalters [...] mit denen unsere Alten ihre innige, vom Schein völlig freye Frömmigkeit und ihre kräftige Kunst an den Tag gelegt haben". Von Bedeutung waren die Herkunft der Marienkapelle aus dem Mittelalter und die – im Übrigen falsche – Feststellung, dass die „gothische [eine] rein altdeutsche Baukunst" sei.

Eine zweite in den Fokus gerückte gotische Kirche war die Ritterkapelle in Haßfurt. Beide galt es, von „Geschmacklosigkeiten" der Barockzeit zu befreien und auf ihren „altdeutschen" Kern zurückzuführen. In Würzburg besorgte dies zwischen 1843 und 1864 Regierungsbaumeister Reuß, der der Marienkapelle einen neugotischen Helm statt der barocken Kuppel aufsetzte. Möglicherweise beriet ihn dabei Alexander von Heideloff, unter dessen Leitung von 1857 bis 1865 die Ritterkapelle in Haßfurt teilweise neu(gotisch) errichtet und überformt werden sollte. Heideloffs Tod 1865 hat das zum Glück verhindert. Die folgenden Restauratoren haben sich mit relativ zurückhaltenden Eingriffen begnügt. Als neugotische Bauten sind damals das Langhaus der Kirche in Rimpar (1849/51), die Pfarrkirche Herz Jesu in Bad Kissingen (1882–84), die Kirche in Schweinheim (1894/95), der sogenannte Spessart-Dom in Hösbach (1903/06) oder St. Joseph in Würzburg-Grombühl nach Plänen von Josef Schmitz gebaut worden (1902–05). Danach hat sich die Neoromanik stärker durchgesetzt, die aber selten stilrein ausgeführt worden ist, sondern gerne mit byzantinisierenden Elementen durchsetzt worden ist. Beispiele dafür sind in Schweinfurt Hl. Geist nach den Plänen von Anton Leipold (1897ff.) und die von Franz Ritter

Blick auf Kloster Oberzell und das Maintal. – Ölgemälde von Andreas Geist, 1844.

von Denzinger geplante Kirche St. Adalbero in Würzburg (1899ff.). Nicht zuletzt ist außerdem die für die Münsterschwarzacher Benediktiner als erste Station ihrer Rückkehr an den Main im Beuroner Stil erbaute Kirche St. Ludwig bei Garstadt (1906–09) zu nennen.

Bald nach Scharolds Lobpreis des „altdeutschen" Stils wurde 1822 bei Straßenbauarbeiten zwischen Dom und Neumünster die Grabplatte von Würzburgs bedeutendstem Bildschnitzer Tilman Riemenschneider gefunden, deren Original heute im Museum für Franken auf der Festung Marienberg aufbewahrt wird. Hatte man sich zuvor kaum mehr an den Namen dieses Künstlers erinnert, wurde ihm nun binnen weniger Jahrzehnte eine Vielzahl von Werken zugeschrieben.

„Heroische Zeiten": Die Kriege von 1866 und 1870/71

Rund ein halbes Jahrhundert Frieden wurde 1866 durch den deutschen Bruderkrieg um Schleswig-Holstein unterbrochen. Bayern kämpfte an der Seite Österreichs gegen Preußen. Baye-

Die Sammlung Sattler auf Schloss Mainberg

Zu den ersten Riemenschneider-Sammlern gehörte das Schweinfurter Fabrikantenehepaar Wilhelm (1784–1859) und Catharina Sattler (1789–1861), die ab 1821 auf Schloss Mainberg einige seiner Hauptwerke zusammentrugen. Darunter befand sich Riemenschneiders Magdalena aus dem Hochaltar von Münnerstadt, die seit 1901 dem Bayerischen Nationalmuseum in München gehört. Der Ruhm der sonst sehr breit angelegten Mainberger Sammlung verbreitete sich rasch und lockte „Fremde von nah und fern herbei [...], um dessen Merkwürdigkeiten zu besichtigen". Unter den Gästen lässt sich bereits 1828 König Ludwig I. belegen. 1837 stattete Kronprinz Maximilian von Bayern der Sammlung einen Besuch ab.

rische Truppen sollten in der Rhön zum 8. Armeekorps stoßen, die preußische Mainarmee unter dem Feldherrn Eduard Vogel von Falckenstein drängte aber die verbündeten Truppen in mehreren Gefechten bis Würzburg zurück. In und um Bad Kissingen kam es auf unterfränkischem Boden am 10. Juli 1866 zu einer größeren Schlacht. In blutigem Häuserkampf wurden die bayerischen Truppen am selben Tag aus der Stadt vertrieben. Eigentlich war dies keine Auseinandersetzung zwischen Bayern und Preußen, sondern zwischen dem veralteten bayerischen Vorderlader und dem modernen preußischen Zündnadelgewehr.

Ein weiteres Gefecht fand am selben Tag am Buchberg bei Hammelburg statt. Danach flüchteten die unterlegenen bayerischen Soldaten nach Schweinfurt und kündigten den Ansturm der Preußen an. In aller Eile wurde die Stadt verteidigungsbereit gemacht: Die Eisenbahnlinie entlang des Mains wurde unterbrochen, Telegraphenmasten abgebaut und an der Mainbrücke wurden Sprengladungen angebracht. Bayerische Truppen waren zwischen der Stadtgrenze und Geldersheim postiert, um den Feind möglichst lange aufzuhalten. Der hatte indes keinerlei Interesse an einer Eroberung Schweinfurts, und die preußische Armee marschierte auf der Höhe von Poppenhausen in Richtung Westen weiter. Am 14. Juli 1866 besiegten die Preußen in schwerem Häuserkampf in Aschaffenburg eine österreichische Brigade und nahmen die Stadt ein. Endlich kämpften sich die preußischen Divisionen Beyer und Flies über Helmstadt (25. Juli) und Uettingen (26. Juli) in Richtung Würzburg vor.

Am 27. Juli 1866 beschoss die preußische Artillerie die Festung auf dem Marienberg in Würzburg, wobei das Zeughaus in Brand geriet. Das aber dürfte eine der letzten größeren Kampfhandlungen gewesen sein, denn bald darauf trat eine bei Eisingen vereinbarte Waffenruhe in Kraft. Von den unmittelbaren Folgen mit zahlreichen Toten und dem Ausbruch der Cholera in den vom Krieg direkt betroffenen Orten abgesehen, musste Bayern im Friedensvertrag vom 22. August 1866 an Preußen 30 Mio. Gulden zahlen und verlor an seiner fränkischen Nordgrenze die Ämter Orb, Gersfeld und Weyhers.

König Ludwig II. (reg. 1864–86) akzeptierte im selben Friedensvertrag ein Schutz- und Trutzbündnis, das im Kriegsfall die bayerische Armee dem preußischen König als Bundesfeldherrn unterstellte. In der Tat befand sich Bayern bereits einige Jahre später im Krieg gegen Frankreich und musste 1870/71 unter preußischer Führung kämpfen. Die fränkischen Truppen nahmen unter dem Kommando des Generals Jakob von Hartmann daran teil. Wichtigstes Ergebnis des Krieges war die Gründung des Deutschen Kaiserreiches mit Preußen an der Spitze. Bayern hatte sich mit knapper Mehrheit der Reichsgründung angeschlossen. In konservativen Zeitungen wie „Das bayerische Vaterland" prophezeite der Journalist Johann Baptist Sigl „Mehr Kriege, mehr Krüppel, mehr Totenlisten, mehr Steuerzettel".

Im unterfränkischen Bistum Würzburg waren die wenigen Jahre des von Ludwig II. ernannten Bischofs Johann Valentin Reißmann (reg. 1870–75) vom Kulturkampf geprägt. Er hatte noch als Kapitularvikar die Verkündung des Dogmas über das unfehlbare Lehramt des Papstes in der Diözese Würzburg angeordnet, ohne vorher die Erlaubnis des bayerischen Kultusministeriums eingeholt zu haben. Außerdem absolvierte er in einem bis Ende 1872 befristeten Erlass alle katholischen Gläubigen, die sich gegen das Dogma gewehrt hatten, von der ihnen deswegen drohenden Exkommunikation. Als eine seiner letzten Amtshandlungen unterzeichnete er im Oktober 1875 eine Protestnote des bayerischen Episkopats an Ludwig II. Darin verliehen die Bischöfe ihrer Sorge Ausdruck, dass wegen der kirchenfeindlichen Strömung „Bayern noch tiefer in den Kreis der religions- und kirchenfeindlichen Mächte gerissen werden könnte".

Der im unterfränkischen Münnerstadt geborene und dort im katholischen Elitegymnasium ausgebildete bayerische Kultusminister Johann von Lutz (1826–90) hatte Kanzler Bismarck die Aufnahme des 1871 ratifizierten Kanzelparagraphen in das Strafgesetzbuch vorgeschlagen. Darin wurde allen Geistlichen verboten, sich zu politischen Fragen zu äußern. Es war außerdem der vormalige bayerische Ministerpräsident Chlodwig Fürst zu Hohenlohe-Schillingsfürst (1819–1901), der 1872 das Jesuitengesetz einbrachte, das Niederlassungen des Jesuitenordens auf dem Gebiet des Deutschen Reiches verbot. Als ab 1875 zunächst in Fulda und dann in ganz Preußen die Priesterseminare und Konvikte geschlossen wurden, fanden viele Priesteramtskandidaten in Würzburg Zuflucht. Ausdruck der angespannten Situation zwischen Staat und Kirche war ferner, dass es nach dem Tod Bischof Reißmanns über drei Jahre nicht gelang, einen Nachfolger zu finden. Erst 1878 ernannte Ludwig II. den Universitätsprofessor Franz Josef Stein (reg. 1878–98) zum neuen Oberhirten, ohne sich vorher darüber mit der Kirche abgestimmt zu haben. Stein engagierte sich insbesondere im Bau von neoromanischen Kirchen. Nicht zuletzt seine Zurückhaltung gegenüber dem Unfehlbarkeitsdogma und seine Loyalität gegenüber der bayerischen Führung trugen ihm 1897 die Ernennung zum Erzbischof von München und Freising ein – ein Amt, das er bis zu seinem Tod 1909 versah.

Kultur und Kunst – Theater, Museen und Sammlungen

Nach Säkularisation und Napoleonischen Kriegen trieb in Unterfranken eine bürgerliche Kultur bald kräftigere Blüten. 1805 erwarb Friedrich Wilhelm Freiherr von Münchhausen von seinem Schwiegervater und Amtsvorgänger Friedrich Julius Heinrich von Soden auf Sassanfahrt das „Churfürstlich privilegierte fränkische Nationaltheater“ in Würzburg und betrieb es von 1814 bis 1829 als „Königlich-Baierische Privilegierte Schaubühne“. 1843 musste seine Witwe das Theater an die Stadt Würzburg verkaufen. Daher gilt dieses Jahr als Geburtsdatum des Stadttheaters, das 1999 in „Mainfrankentheater“ umbenannt und für das 2019 die Umwandlung in ein Staatstheater beschlossen wurde.

1811 wurde das Theater von Aschaffenburg unter Karl Theodor von Dalberg erbaut. Ungeachtet schwerer Zerstörungen im Zweiten Weltkrieg hat sich der klassizistische Zuschauerraum, ausgemalt im Stil des Empire, erhalten. Betrieben wird das mehrfach renovierte Haus seit 1947 als Gastspieltheater mit Vorstellungen aus den Bereichen Schauspiel, Konzerte, Tanztheater und Kleinkunst.

Seit 1858 wird in Schweinfurt regelmäßig Theater gespielt, seit 1966 hat die als Bespieltheater betriebene Einrichtung ihren Sitz in einem von Erich Schelling erbauten Haus. Hier sind regelmäßig große deutsche Bühnen zu Gast. Ein enges Verhältnis besteht zu den Bamberger Symphonikern.

Die Bühnen in Würzburg, Schweinfurt und Aschaffenburg stehen für eine reiche Theaterkultur in Unterfranken, die nur exemplarisch beleuchtet werden kann: Seit 1905 gibt es das im Luitpold-Stil erbaute Kurtheater in Bad Kissingen. Das 1946 gegründete Theater Schloss Maßbach hat seit 1960 seine Spielstätten in dieser Gemeinde nördlich Schweinfurts. 1950 nahm über dem Würzburger Tor in Sommerhausen das Torturmtheater seinen Anfang. Mit seinen 50 Sitzplätzen gilt es als das kleinste Theater in Deutschland. 1984 wurde in diesem Ort die Kabarettbühne Bockshorn gegründet, die seit 2001 in Würzburg im Kulturspeicher residiert. Von Sommerhausen gingen Anfang der 1980er-Jahre die Frankenfestspiele im Hof der Burg Brattenstein in Röttingen aus. Seit den 1930er-Jahren führt die Bevölkerung mit dem historischen Volksschauspiel „Die Schutzfrau von Münnerstadt“ eines der ältesten Freilichtspiele Frankens auf. Die Florian-Geyer-Festspiele in Giebelstadt gibt es seit 1925 und seit 1933 werden in

Sömmersdorf die Fränkischen Passionsspiele alle fünf Jahre inszeniert.

Mit Unterstützung des bayerischen Königs wurde 1831 in Würzburg der „Historische Verein für den Untermainkreis" ins Leben gerufen. Ludwig I. hatte die Gründung solcher Historischer Vereine in jedem der bayerischen Kreise gefordert, die sich vor allem der „Pflege des vaterländischen Bewußtseins" widmen sollten. Der nachmalige „Historische Verein für Unterfranken und Aschaffenburg" präsentierte die rasch in großer Zahl gesammelten fränkischen Altertümer bis 1852 im Katzenwickerhof, wo sich heute das Areal der (ehemaligen) Mozartschule erstreckt. Von Beginn an sollten die Exponate den Grundstock für ein Riemenschneider-Museum in Würzburg bilden, das aus Geldmangel aber nicht zustande kam. Um die Kunst des 19. Jhs. kümmerte sich der „Kunstverein" von 1841, der zuletzt als „Mainfränkischer Kunstverein" firmierte. Ziel des 1893 auf Initiative des unterfränkischen Regierungspräsidenten Friedrich Graf von Luxburg gegründeten „Fränkischen Kunst- und Altertumsvereins" war der Bau eines Fränkischen Museums. Die „Ausstellung von Alterthümern in Kunst und Kunstgewerbe" von 1893 bildete eine Art erster Sichtung der reichen, in Würzburger Privatbesitz bewahrten Schätze.

1901 beschlossen die Würzburger Stadtväter anlässlich des 80. Geburtstags von Prinzregent Luitpold die Gründung des „Fränkischen Luitpold-Museums". Unter der Leitung von August Stöhr konnten dessen Pforten 1913 im Gebäude des ehemaligen Chemischen Laboratoriums in der Maxstraße eröffnet werden. 1939 wurde es von den Nationalsozialisten als „Mainfränkisches Museum" in die Trägerschaft der Stadt Würzburg überführt. Am 16. März 1945 wurde mit dem Museumsgebäude ein großer Teil der nicht ausgelagerten Exponate vernichtet. Was an vielen Orten außerhalb Würzburgs geborgen und was aus dem Brandschutt des untergegangenen Museums zu retten war, hat Max H. von Freeden in dem am 8. September 1947 dank seiner Initiative eröffneten Mainfränkischen Museum in der Trägerschaft der Stadt Würzburg im Zeughaus auf der Festung wieder ausgestellt. Der Historische Verein von Mainfranken, der Kunst- und Altertumsverein sowie der Mainfränkische Kunstverein schlossen sich 1948 zu dem Nachfolgeverein Freunde Mainfränkischer Kunst und Geschichte Würzburg e. V. zusammen und übergaben ihren Kunstbesitz als ständige Leihgabe an das Mainfränkische Museum. Nach Jahrzehnten steter Entwicklung wurde das Haus am 1. Januar 2016 als Museum für Franken in Würzburg mit dem Status eines Landesmuseums in die Trägerschaft des Freistaats Bayern überführt.

Mainausbau, Eisenbahnbau und Beginn der Industrialisierung

Mit dem Mainausbau ab 1834 und dem Ludwig-Donau-Main-Kanal bekam Unterfranken bzw. ganz Franken eine seit den Tagen Karls d. Gr. angestrebte Großschifffahrtsstraße, die die Binnenregion mit der Welt verband. 1841 erreichte das Dampfschiff „Jeanne d'Arc" auf dem Main Bamberg. Die Main-Dampfschiffahrts-Gesellschaft intensivierte den Verkehr von Personen und Gütern. Von Mainz bis Bamberg verkehrten bis zu neun Seitenraddampfer. Niedrigwasser, technische Probleme und vor allem die Konkurrenz der Eisenbahn führten bereits 1858 zum Ende dieser Dampfschifffahrts-Gesellschaft auf dem Main. Weiterhin von Bedeutung war der Materialtransport mit Dampfschiffen. Dazu wurde ab 1886 auf dem Grund des Flusses von Mainz aus über rund 400 km eine eiserne Kette verlegt, die 1912 Bamberg als Endpunkt erreichte. Die mit Dampf betriebenen Kettenschiffe, im Volksmund „Mainkühe" genannt, ersetzten flussaufwärts das Treideln und zogen bis zu 200 m lange Verbände. Wegen des Reparaturaufwandes der Kette und der neu aufgekommenen, mit Dieselmotoren betriebenen Schiffe wurde die Kettenschleppschifffahrt als unwirtschaftlich eingestellt. Bis heute aber verkehren neben Hotel- und Passagierschiffen etwa 14.000 Güterschiffe im Jahr auf dem Fluss.

Obwohl die erste Bahnstrecke zwischen Nürnberg und Fürth 1835 gebaut worden war und sich rasch als rentabel erwiesen hatte, war Ludwig I. anfangs dagegen, den Ausbau des

Kitzingen von der Alten Mainbrücke aus. – Stahlstich von Johann Poppel nach einer Vorzeichnung von Eduard Gerhardt, 1846.

Eisenbahnnetzes zu forcieren. Die Gründe mögen in der Favorisierung des Mainausbaus gelegen haben. Vielleicht fürchtete man im Vormärz aber auch den besseren Austausch von Nachrichten, wenn breiten Kreisen ein rasches Transportmittel zur Verfügung stand. Deshalb wurden die ersten Bahnlinien in Bayern mit Unterstützung privater Investoren errichtet, der Staat sorgte zunächst nur für die gesetzlichen Rahmenbedingungen. Der Bau einer Unterfranken querenden und vom Königreich Bayern geförderten Bahnlinie wurde erst 1846 beschlossen, seine Ausführung zog sich hin. Mit ein Grund waren Auseinandersetzungen über den Streckenverlauf. Es gab Stimmen, die die Linie von Bamberg über Ebrach durch den Steigerwald führen wollten. Die schließlich unter Max II. erbaute Ludwigs-West-Bahn entlang des Mains von Bamberg nach Aschaffenburg und Frankfurt erreichte 1852 Schweinfurt und 1854 Würzburg sowie im selben Jahr Aschaffenburg und führte danach über die bayerisch-hessische Grenze bis Frankfurt. Der „Alte Bahnhof" in Würzburg, etwa an der Stelle des Mainfrankentheaters gelegen, wurde am 1. Juli 1854 im Beisein von Max II. in Betrieb genommen. Bereits zehn Jahre später genügte der Kopfbahnhof den Anforderungen des rasch wachsenden Verkehrs nicht mehr. Deshalb wurde 1864 an der heutigen Stelle vor den Bastionen ein neuer Bahnhof errichtet, der im Zweiten Weltkrieg zerstört und in den 1950er-Jahren wieder erbaut worden ist. Ein berühmtes Bauwerk in diesem Zusammenhang war der 1853/54 errichtete Tunnel von Heigenbrücken.

1864 ging die Strecke von Würzburg über Ochsenfurt nach Ansbach in Betrieb und verkürzte damit die Fahrtstrecke nach München erheblich. 1865 folgte die Verbindung Würzburg–Kitzingen–Nürnberg, die das südliche Bayern erschloss. Schließlich kam 1866 die Strecke von Würzburg über Lauda und Osterburken nach Mosbach bis Heidelberg und Mannheim. Würzburg war binnen weniger Jahre zu einem wichtigen Eisenbahnknotenpunkt geworden, was seine Stellung als unterfränkische Hauptstadt stärkte. Aber auch von Schweinfurt aus folgten Lokalbahnstrecken, etwa 1871 nach Kissingen in die Rhön oder die von Kitzingen über Gerolzhofen nach Schweinfurt führende Steigerwaldbahn (1893/1903).

Solche Eisenbahnlinien waren die Grundvoraussetzung für das Aufblühen der Industrie in der Region. Dennoch war Unterfranken bis weit in das 20. Jh. von der bäuerlichen Landwirtschaft geprägt. Dabei bildete sie – ungeachtet früh einsetzender staatlicher Subventionen – für immer weniger Menschen eine hinreichende Erwerbsgrundlage. Obwohl im Laufe des 19. Jhs. viele Bauern nach Amerika auswanderten, sorgte ein nach der Reichsgründung 1871 einsetzender Überschuss an Geburten für die Notwendigkeit neuer Erwerbsmöglichkeiten. Hier nahmen Aschaffenburg und Schweinfurt mit ihren Industriebetrieben eine wichtige Rolle ein. In beiden Städten verdreifachte sich zwischen 1882 und 1907 die Zahl der in Gewerbe und Handel tätigen Personen auf 9.694 bzw. 8.159. Allerdings wurde das in absoluten Zahlen von der Stadt Würzburg noch übertroffen, wo sich die Zahl der Mitarbeiter in diesen Branchen von 11.608 auf 22.553 annähernd verdoppelte.

Die von Bamberg über Schweinfurt nach Aschaffenburg führende Ludwigs-West-Bahn erreichte 1854 Würzburg: Die prachtvolle Einsteighalle wurde 1853 bis 1856 nach Plänen von Gottfried Neureuther errichtet.

Zu den Pionieren von Industrie und Handel in Unterfranken gehörten der Schweinfurter Farbenfabrikant Wilhelm Sattler (1774–1859) sowie die von Friedrich Koenig (1783–1833) und dem Fabrikanten Andreas Friedrich Bauer (1783–1860) gegründete Druckmaschinenfabrik Koenig & Bauer in Würzburg. Sie erhielten 1828 für die Einführung der von Koenig noch in England erfundenen Druckmaschine von dem weitsichtigen Ludwig I. ein Privileg. Aus kleinen Anfängen unter Friedrich Fischer ab 1883 und Georg Schäfer entwickelten sich in Schweinfurt die Kugellagerfabriken FAG (heute Schaeffler), Fries & Höpflinger (später SKF) sowie Fichtel & Sachs (heute ZF Friedrichshafen). Bis in die Gegenwart stecken in einem Formel-1-Rennwagen von Ferrari 150 Lager aus der Firma SKF, das Riesenrad „London Eye“ dreht sich mit Pendelrollenlagern von Schaeffler und in den Zügen der Deutschen Bahn sind Stoßdämpfer von ZF Friedrichshafen zu finden.

Räterepublik – Freistaat – Bamberger Verfassung – Nazizeit

Unterfranken im Ersten Weltkrieg

Mehr als vier Jahrzehnte mit Frieden und blühendem Wohlstand seit 1871, allgemein treffend als „Gründerzeit“ charakterisiert, fanden 1914 ein jähes Ende: Zwei Weltkriege sollten bis 1945 folgen und dazwischen Jahrzehnte von Not und Terror mit dem Unrechtsregime der Nationalsozialisten. Ende Juni 1914 feierte man in Würzburg das 100. Jubiläum der Zugehörigkeit Unterfrankens zu Bayern. Während König Ludwig III. (reg. 1913–18) den Festzug bewunderte, breitete sich die Nachricht von der Ermordung des österreichischen Thronfolgers und seiner Frau am 28. Juni in Sarajevo wie ein Lauffeuer aus: Der Erste Weltkrieg begann.

Obwohl in Unterfranken keine Kampfhandlungen stattgefunden haben, war bei Kriegsende von der anfänglich allgemeinen Begeisterung nichts mehr übriggeblieben. Indirekt hatte der Krieg die sogenannte Heimatfront längst erreicht. Immer mehr Gefallene waren zu beklagen und zunehmend waren versehrte Soldaten in den Lazaretten zu versorgen. Lebensmittel wurden rasch knapper. Im Amts- und Anzeigenblatt des königlichen Bezirksamts Schweinfurt fanden sich im Frühjahr 1917 Anordnungen, nach denen Bier künftig nur als Dünnbier gebraut werden durfte, um die als Nahrungsmittel wertvoll gewordene Gerste zu schonen. Und das war nur der Anfang einer beispiellosen Zeit von Hunger und Armut. Am Ende des Krieges hatten in Europa 70 Mio. Soldaten im Feld gestanden, die entweder gefallen oder verwundet waren. Viele, die unversehrt waren, hatte der Krieg für ihr ganzes Leben gezeichnet.

1918 wurden in Würzburger Lazaretten etwa 4.500 verwundete Soldaten gepflegt. Die zu Tausenden ab dem 21. November 1918 zurückkehrenden Männer mussten zunächst eine Entlausungs- und Desinfektionsanstalt in der Pestalozzi-Schule im Stadtteil Grombühl passieren, bevor sie nach Hause entlassen werden konnten. Nur wenige, wie das am 1. Dezember 1918 in die Faulenbergkaserne in der Nürnberger Straße heimkehrende 11. Feldartillerieregiment, zogen zu „den Marschklängen der Musik" durch die Stadt (Flade, 2018).

Schwieriger Aufbruch in eine neue Zeit

Das Ende des Ersten Weltkriegs bedeutete den Untergang der Wittelsbacher Monarchie. Die kriegsmüde, durch Militär und Politik systematisch über die tatsächliche Situation an der Front getäuschte Bevölkerung revoltierte mehr und mehr gegen die Eliten. Da half auch eine am 2. November 1918 von Ludwig III. angekündigte Verfassungsreform nicht mehr: Mit einer Kundgebung auf der Theresienwiese wurde München zum Zentrum der revolutionären Unruhen. Sie zwangen den König in der Nacht des 7. November 1918 zur Flucht aus Bayern. Bereits am 8. November rief Kurt Eisner die Republik aus und wurde Ministerpräsident des Freistaats Bayern. Am 9. November verkündete Reichskanzler Max von Baden die Abdankung Kaiser Wilhelms II., der am 10. November nach Holland ins Exil ging. Reichspräsident wurde Friedrich Ebert, und Staatssekretär Philipp Scheidemann rief in Berlin die Republik aus. Der Waffenstillstand von Compiègne beendete am 11. November 1918 den Ersten Weltkrieg. Am 28. Juni 1919 wurde in Versailles der Friedensvertrag unterzeichnet. Für das Königreich Bayern hatte am 13. November 1918 Ludwig III. vom nahe Salzburg gelegenen österreichischen Schloss Anif die bayerischen Beamten, Offiziere und Soldaten von ihrem Treueeid gegenüber dem König entbunden. Das interpretierte die Münchner Revolutionsregierung unter Eisner als Abdankung: Aus einer hastig zusammengezimmerten parlamentarischen Monarchie war binnen weniger Tage eine Räterepublik geworden.

Hatte man im unterfränkischen Würzburg die Revolution in München anfangs für einen lokalen Aufstand gehalten, wurden am 9. November 1918 auch in der Mainmetropole die Republik verkündet und die Macht von einem Arbeiter- und Soldatenrat übernommen. Eine führende Rolle spielte der gebürtige Würzburger Georg Friedrich Hornung (1891–1945), Jagdflieger im Ersten Weltkrieg. Obwohl auf dem Höhepunkt der Unruhen die Spitzen der Würzburger Politik zeitweise als Geiseln genommen wurden und Schüsse fielen, schien die Novemberrevolution in Unterfranken bereits innerhalb weniger Tage in sich zusammenzufallen. Wesentlichen Anteil daran hatten der Erste Bürgermeister Andreas Grieser (1868–1955) und der vierte ehrenamtliche Bürgermeister Felix Freudenberger (1874–1927), deren Umsicht Schlimmeres verhinderte.

Anders verhielt es sich in der Landeshauptstadt. Weder ein Anfang Januar 1919 proklamiertes vorläufiges Staatsgrundgesetz der Republik Bayern noch die Landtagswahlen vom 12. Januar brachten Entspannung. Mit der Ermordung Eisners am 21. Februar 1919 standen die Zeichen wieder auf Revolution. Daran änderten die am 17. März vom Landtag bestätigte Regierung Hofmann und das Vorläufige Staatsgrundgesetz nichts.

Inzwischen hatte ein Zentralrat der Bayerischen Republik die Arbeit aufgenommen und Mitte März Anton Waibel als politischen Agitator nach Würzburg geschickt. Mit Hilfe eines dort am 2. April gegründeten Revolutionären Aktionsausschusses proklamierte Waibel am 7. April die Räterepublik in der Domstadt. Daraufhin fanden am 9. April Kämpfe statt, die mit der Niederlage der Spartakisten endeten. Bürgerwehr und Freikorps eroberten mit Waffengewalt die Residenz, wohin sich die Revolutionäre zurückgezogen hatten. Hornung flüchtete zunächst nach München.

Schon am 6. Juni 1919 begannen in Würzburg die ersten Prozesse wegen Hochverrats. Mit den Kommunalwahlen vom 15. Juni 1919 kehrte in der Domstadt wieder Ruhe ein. Parallel dazu wollte die anarchistische Linke im April 1919 in München eine Räterepublik herbei putschen. Anfang Mai eroberten jedoch Regierungstruppen und Freikorps mit blutiger Gewalt die Stadt.

Der flüchtige Hornung wurde noch im Oktober 1919 verhaftet und wegen Hochverrats verurteilt. Nach seiner vorzeiti-

Geheimverhandlungen um die Würzburger Residenz

Der Erste Bürgermeister Andreas Grieser versuchte, Würzburg zum Sitz der verfassunggebenden Versammlung zu machen. Am 23. Dezember 1918 bot er dem bayerischen Ministerpräsidenten Eisner die Residenz als Tagungsort an. Erst am 4. Januar 1919 erfuhren die Würzburger aus dem „Budapester Tagblatt" davon. Am 12. Januar trafen sich Experten, um über die Eignung der Residenz für eine solche Veranstaltung mit bis zu 3.000 Teilnehmern zu beraten. Dass es den Denkmalpflegern vor einer Volksversammlung in der Residenz „graute", versteht sich fast von selbst. Obwohl noch einige Schreiben hin und her gingen, war die Entscheidung für Weimar längst gefallen: Fortan sollte Deutschland bis 1933 eben als Weimarer und nicht als Würzburger Republik in die Geschichte eingehen.

gen Freilassung agitierte er als KPD-Mitglied 1932 gegen Hitler und kämpfte 1936 in Spanien gegen die Faschisten. Dabei geriet er in Gefangenschaft und wurde nach Frankreich abgeschoben und von dort an Nazi-Deutschland ausgeliefert. Er wurde zum Tode verurteilt und 1942 in Berlin-Moabit hingerichtet.

In Schweinfurt breitete sich die Revolution spät, aber heftig aus. Nach der Ermordung Eisners zogen am 26. Februar 1919 Tausende in einem Trauerzug durch die Stadt. Tags darauf wurden die Betriebe bestreikt. Der Ausrufung der Räterepublik durch den Revolutionären Zentralrat Bayern, dem der lokale Abgeordnete Fritz Soldmann von der USPD angehörte, folgte Schweinfurt am 7. April bei Versammlungen auf dem Bleichwasen. Spartakisten besetzten daraufhin die Verwaltung und erbeuteten Waffen in Haßfurt und Reiterswiesen. Das bereits ab Januar 1919 unter die Zensur des Arbeiter-, Bauern- und Soldatenrates gestellte „Schweinfurter Tagblatt" erschien am 8. April als „Publikationsorgan des A.-, B.- u. S.-Rates". Die Regierung warf darauf Flugzettel über Schweinfurt ab, in denen binnen 12 Stunden die Rückgabe der Waffen gefordert wurde. Am 10. April reichte Bürgermeister Wilhelm Söldner seinen Rücktritt ein. Schon einen Tag später ergab sich der

ASR dem Ultimatum. Am 29. April hatten schließlich Regierungstruppen die Stadt weitgehend besetzt. Infolge eines Gerüchtes wurde Schweinfurt dennoch mit Artillerie beschossen. In den folgenden Schießereien waren vier Tote und weitere Verletzte zu beklagen. Erst am 22. Mai 1919 herrschte wieder Ruhe in der Stadt.

Dennoch setzte sich in Bayern letztlich die parlamentarisch-demokratische Republik unter Ministerpräsident Hofmann durch: Das vorsorglich mit der Regierung nach Bamberg geflüchtete bayerische Parlament nahm am 14. August 1919 die sogenannte Bamberger Verfassung des Freistaats an, der im Deutschen Reich am 11. August 1919 die Weimarer Verfassung vorangegangen war. Am 17. August 1919 kehrten Regierung und Parlament nach München zurück.

Würzburg in der Weimarer Republik

Viele Familien waren durch die Ereignisse der Zeit ins Elend geraten. Eine anschauliche, wenn auch nicht im Sinn der Geschichtswissenschaft in allen Facetten historisch richtige Vorstellung vom Alltag in Stadt und Land vermitteln die Romane „Die Räuberbande“ (1914) und „Das Ochsenfurter Männerquartett“ (1927). Ihr Autor ist der in ärmlichen Verhältnissen im Schatten des Würzburger Festungsberges aufgewachsene Leonhard Frank (1882–1961).

Ein besonders dunkles Kapitel war der „Blutmontag“ am 28. Juni 1920: Die notleidende Bevölkerung plünderte in Würzburg die Geschäfte und die Reichswehr griff ein. Dabei gab es zwei Tote und viele Verletzte. Obwohl er sich persönlich nichts vorzuwerfen hatte, trat der Erste Bürgermeister Andreas Grieser daraufhin zurück.

Sein Nachfolger wurde der zweite Bürgermeister Dr. Hans Löffler (1872–1955), der zunächst von 1921 bis 1933 amtierte. Er baute die städtischen Betriebe aus und vollendete das Luitpoldkrankenhaus. Hermann Zilcher (1881–1948), ab 1920 Direktor des Bayerischen Staatskonservatoriums in Würzburg, gründete das Mozartfest und auf der Keesburg wurden neue Wohnquartiere angelegt. Mit der Eingemeindung von Heidingsfeld wuchs Würzburg 1930 auf knapp 100.000 Einwohner und wurde zur Großstadt.

Oberbürgermeister Löffler trat stets unmissverständlich für die jüdischen Mitbürger in seiner Stadt ein. Mut bewies er 1931, als er mit anderen Würzburgern das NS-Hetzblatt „Die Freiheit“ wegen Verleumdung anzeigte. Sofort nach der „Machtergreifung“ zwangen ihn die Nazis zum Rücktritt: In Löfflers Terminkalender sind der 23. und 24. März 1933 mit den Worten „abgesägt“ und „Dienstabtritt“ markiert.

Während des Nationalsozialismus

Am 31. Januar 1933 kam im Deutschen Reich die NSDAP mit Adolf Hitler an die Macht. Dem waren am 24. April 1932 Landtagswahlen in Bayern vorausgegangen, bei denen die NSDAP nicht die dominierende Partei gewesen war. In Unterfranken lag sie mit 25 % der Stimmen sogar hinter den übrigen bayerischen Bezirken zurück. Zur Sicherung seiner Macht ließ Hitler den Reichstag am 5. März 1933 neu wählen. Erneut verfehlten die Nazis die absolute Mehrheit; in Unterfranken kamen sie auf 33,9 % Stimmenanteil. Erst mit der Reichstagswahl vom 12. November 1933, bei der nur noch die NSDAP zur Wahl stand, und unter Ausnutzung zahlreicher Manipulationen erhielten sie in fast allen Stimmbezirken über 99 % Zustimmung.

Am 27. April 1933 wurde Theo Memmel (1891–1973) Oberbürgermeister von Würzburg; aus dem bürgerlich-sozialdemokratischen wurde fortan ein nationalsozialistischer Stadtrat. Als Antwort auf den Gau Franken mit Julius Streicher in Nürnberg etablierte Gauleiter Otto Hellmuth (1896–1968) 1938 den Gau Mainfranken mit Würzburg als Hauptstadt. Nach dem „Endsieg“ sollte die Stadt mit gigantomanischen Protzbauten umgestaltet werden. Hellmuth lebte auch privat ein völkisch-krauses Gedankengut und nannte z. B. seine Tochter Gailana und seinen Hund Kilian.

Neben der SS war die Gestapo eines der gefürchteten Machtorgane der Nazis. Das Archiv der Würzburger Gestapo

Deportation von Würzburger Juden. – Fotografie, 1942.

hat den Krieg überdauert und erlaubt tiefe Einblicke in deren menschenverachtendes Handeln. Dazu existierte in Würzburg ein Notgefängnis, in dem Hinrichtungen belegt sind. In Unterfranken gab es kein Konzentrationslager. Dennoch beschäftigte etwa die kriegswichtige Schweinfurter Kugellagerindustrie Fremd- und Zwangsarbeiter, die in speziellen Lagern untergebracht waren. Ähnliches gab es überall – von anderen Firmen bis hin zu den Kommunen.

Fortan wurden systematisch u. a. Juden, Sinti und Roma, Bibelforscher, Homosexuelle, Kommunisten oder Sozialdemokraten entrechtet, verhaftet und ermordet. Die Patienten in den Heil- und Pflegeanstalten (HuPflA) in Werneck wurden für pseudomedizinische Forschungen missbraucht und ermordet.

Ab 1933 schränkten die Nazis das Leben der Juden zunehmend ein. Sie mussten auf der Kleidung einen diskriminierenden Stern tragen. Ihnen wurden Sondersteuern auferlegt, sie mussten ihren Besitz zu Spottpreisen verkaufen und ihre Häuser und Wohnungen verlassen. Zwangsenteignungen waren an der Tagesordnung. Das Novemberpogrom geriet 1938 auch in Unterfranken zum Fanal für die totale Vernichtung jüdischen

Lebens und jüdischer Kultur. Wem nicht bald die teuer bezahlte Ausreise aus Deutschland gelang oder wer sich das nicht leisten konnte, der wurde von SS und Gestapo in Konzentrationslager verschleppt und dort zumeist ermordet.

Ein starker Gegner des Nationalsozialismus in Unterfranken war Bischof Matthias Ehrenfried (reg. 1924–48). Nach dem Tod des Bischofs Ferdinand von Schlör (reg. 1898–1920) wurde zwischen dem Freistaat Bayern und dem Heiligen Stuhl 1924/25 ein neues Konkordat geschlossen. Folgerichtig ernannte Papst Pius XI. (reg. 1922–39) den romtreuen Eichstätter Professor Ehrenfried zum Bischof von Würzburg. Er führte in seiner Zeit unter ständiger Gefahr für Leib und Leben härteste Auseinandersetzungen mit den Nationalsozialisten, was ihm den Ruf eines „Widerstandsbischofs" eintrug. Zahlreiche Pfarrer folgten seinem Beispiel und wurden dafür ohne formelle Anklage in „Schutzhaft" genommen oder starben im KZ. Darunter war Pfarrer Georg Häfner (* 1900) von Oberschwarzach, der den Hitlergruß stets mit einem „Grüß Gott" beantwortete. Er starb 1942 im KZ Dachau und wurde 2011 im Würzburger Dom seliggesprochen.

Mehr als einmal stürmten die Nazis das bischöfliche Palais in Würzburg und drohten Ehrenfried, ihn in Dachau als „Volksverräter" aufzuhängen. Seinem Mut zollte Pius XI. in einem Schreiben vom 22. April 1934 Respekt und Anerkennung und verhinderte möglicherweise Schlimmeres für den Bischof. Ein Streit wegen Teilnahme von Vertretern der Würzburger Studenten an der Fronleichnamsprozession führte 1935 dazu, dass die Theologische Fakultät zeitweise geschlossen wurde. In der Folge wurden zahlreiche kirchliche Einrichtungen nach dem Gesetz über „volks- und staatsfeindliches Vermögen" von 1933 aufgehoben oder enteignet. Das Kilianeum wurde 1940 für die Polizeidirektion requiriert. Höhepunkt war 1941 die Aufhebung der Benediktinerabtei Münsterschwarzach. Für den Widerstand gegen die Nazis dort steht der Name von P. Dr. Sales Heß OSB (1899–1989), der von 1941 bis 1945 im KZ Dachau einsaß.

Unterfranken nach Kriegsende

Zusammenbruch und Wiederaufbau

Trotz gewaltiger Anstrengungen von Nazi-Deutschland zur Stärkung der Luftabwehr gewannen seit 1942/43 die Amerikaner und die britische Royal Air Force zunehmend die Lufthoheit und flogen mit ihren Bombern immer tiefer ins Land. Die ersten Luftangriffe trafen die Industriestadt Schweinfurt am 17. August 1943, am 14. Oktober 1943 folgte ein Großangriff mit 304 Todesopfern. Die Eroberung der schwer beschädigten Stadt wurde durch heftigen Artilleriebeschuss und Luftangriffe am 9. und 10. April 1945 vorbereitet und nach kurzen Straßenkämpfen am folgenden Tag vollzogen. Bei Kriegsende waren große Teile der Fabriken und Wohnhäuser zerstört. Wie durch ein Wunder blieb die neoromanische katholische Hl. Geist-Kirche inmitten der Ruinen fast unversehrt, während die spätgotische evangelische St. Johannis-Kirche schwer gezeichnet war.

Britische und amerikanische Bomber trafen auch Aschaffenburg, das seinen schwersten Angriff am 21. November 1944 erlitt: 344 Menschen verloren ihr Leben. Sprengbomben trafen am 29. Dezember 1944 die Stiftskirche. Gegen Kriegsende wurde die Stadt Aschaffenburg zur Festung erklärt und sollte unter allen Umständen gehalten werden. Als Folge wurde die schon schwer beschädigte Stadt am 27. März 1945 nahezu völlig zerstört.

Auch kleinere Städte blieben von Luftangriffen nicht verschont. Der durch Flüchtlingszüge versperrte Bahnhof von Haßfurt wurde am 19. Februar 1945 zum Ziel. Nach erbittertem, mehrtägigem Widerstand nahmen US-Truppen Haßfurt am 12. April 1945 ein. Ein Bombenangriff verwüstete am 23. Februar 1945 in der Stadt Kitzingen 35 % der Wohnbebauung. Das eigentliche Ziel, den Bahnhof und die Kitzinger Mainbrücken zu vernichten, wurde jedoch weitgehend verfehlt. Am 26.

März 1945 zerstörten Fliegerbomben wegen seiner strategisch wichtigen Lage Gemünden zu fast zwei Dritteln. Am 31. März 1945, dem Karsamstag, luden US-Bomber ihre tödliche Fracht über dem schutzlosen Rothenburg ab und in der Folge verbrannten 40 % der romantischen Altstadt. Alitzheim südlich von Schweinfurt wurde noch am 10. April 1945 durch US-Truppen fast völlig verwüstet.

Nach einigen vorangegangenen Luftangriffen trafen 230 Lancaster-Bomber und Moskitos der Royal Air Force Würzburg in der Nacht des 16. März 1945 mit voller Wucht. Vor allem die während des lediglich 17 Minuten dauernden Angriffs abgeworfenen 380.000 Stabbrandbomben führten zu einem Feuersturm und verwandelten die Stadt in ein schreckliches Inferno mit tausenden Toten. Einem britischen Bericht zufolge waren die Innenstadt zu 90 % und die Randgebiete zu 68 % zerstört.

Noch immer aber war der unselige Zweite Weltkrieg nicht zu Ende, und gerade die letzten Wochen forderten auf beiden Seiten einen hohen Blutzoll. Am 29. März 1945 erstürmten die Amerikaner Alzenau und kämpften am 31. März in Miltenberg sowie in Amorbach. Stärkeren Widerstand von deutschen Truppen gab es am 1. April (Ostersonntag) in Marktbreit. Kurz danach eroberten die Amerikaner in heftigen Kämpfen Ochsenfurt. Mehrere Tage wurde Lohr verteidigt. Am 4. April wurde Gemünden fast völlig zerstört und Karlstadt fiel am 7. April 1945.

„Task Force Baum"

Ein besonderes Kapitel spielte sich bei Hammelburg ab, wo sich ein Lager für prominente Kriegsgefangene befand. Darunter war Lieutenant-Colonel John K. Waters, der Schwiegersohn des amerikanischen Panzergenerals George S. Patton. Ende März 1945 versuchte ein US-Stoßtrupp unter dem Namen „Task Force Baum" – benannt nach Captain Abraham J. Baum, der die Aktion leitete –, dorthin vorzudringen, um diesen Gefangenen zu befreien. Der Stoßtrupp geriet jedoch in einen Hinterhalt deutscher Truppen und die Aktion scheiterte zunächst. Am 6. April 1945 nahmen die Amerikaner dann das Lager kampflos ein.

Am 1. April 1945 waren die Panzer der 7. US-Armee bis Heidingsfeld vorgerückt. Am 2. April beschoss die Artillerie der 42. US-Infanteriedivision Würzburg. Kurz darauf war die Stadt nach hartem Häuserkampf am 6. April von den Nazis befreit. Gauleiter Hellmuth war nach Ebern geflohen, während Oberbürgermeister Memmel als Volkssturmmann die Ruinen der Stadt bis zuletzt verteidigt hatte. Noch am 2. April verfügte er durch einen mit der Hand geschriebenen Aushang am „Schwarzen Brett“ der Mozartschule die Auflösung der Stadtverwaltung, verbunden mit der Drohung „Wer mit dem Feind zusammenarbeitet, wird erschossen“. Am selben Tag versuchten deutsche Pioniere, durch Sprengung der Alten Mainbrücke den Vormarsch zu stoppen. Das war ebenso sinnlos wie die Zerstörung der Brücken in Ochsenfurt (1. April), Kitzingen (4. April) und Segnitz (5. April).

In den letzten Kriegstagen gab es auch Beispiele für tatsächlichen Mut: Am 6. April tauchten US-Panzer aus Volkach vor Gerolzhofen auf. Die Stadt sollte „bis zum letzten Stein“ verteidigt werden. Deshalb organisierte die Lehrerin Josephine Schmitt (1890–1967) spontan für den späten Nachmittag eine Demonstration auf dem Marktplatz. Etwa 800 bis 1.000 Frauen, Kinder und einige ältere Männer forderten als Zeichen der kampflosen Übergabe der Stadt das Hissen der weißen Fahne. Sie wurde nach einigem Hin und Her von Felix Raab, Georg Höret und Karl Eich am Turm des Rathauses aufgehängt. Standgerichte verhängten gegen die „Rädelsführer“ daraufhin sofortige Todesurteile, die jedoch im allgemeinen Durcheinander nicht vollstreckt werden konnten. Gerolzhofen ergab sich am 14. April 1945 kampflos und blieb nahezu unversehrt. Die Ereignisse der letzten Kriegstage gingen als „Frauenaufstand von Gerolzhofen“ in die Geschichte dieser Stadt ein.

Nicht überall wurde solcher Mut mit dem Leben belohnt: Am 7. April wollte der Unternehmer Jakob Preh Bad Neustadt kampflos den bereits in die Stadt eingerückten Amerikanern übergeben und wurde mit der weißen Fahne in der Hand von einem Untersturmführer der SS erschossen. Alfred Eck, Josef Neeser und Bürgermeister Franz Engert handelten am 7. April mit den Amerikanern die kampflose Übergabe von Baldersheim aus. Als Eck versuchte, einen Trupp deutscher Soldaten davon zu überzeugen, ebenfalls aufzugeben, nahmen sie ihn als Verräter fest. Noch am selben Tag wurde Eck auf dem Marktplatz von Aub durch ein deutsches Standgericht zum Tod verurteilt und gehängt.

Phoenix aus der Asche: Würzburg nach 1945

Sofort nach ihrem Einmarsch begann die US-Armee in ganz Unterfranken mit dem Aufbau von örtlichen Selbstverwaltungen nach demokratischen und rechtsstaatlichen Prinzipien. Dabei setzten die Amerikaner stark auf die deutsche Jugend, die sie – jenseits der in der Erinnerung mancher Kinder bis heute lebendigen Kaugummi- und Schokolade-Strategie bzw. der für viele überlebenswichtigen Schulspeisungen – in den Amerika-Häusern vor allem mit ihrer Kultur vertraut machten. Besonders begabte Schüler durften ein Jahr in Amerika in dortigen Schulen bei Gastfamilien den *american way of life* erleben, was die jungen Menschen meist für ihr ganzes Leben geprägt hat. Dazu gehörten auch die CARE-Pakate mit noch lange Zeit für den von Lebensmittelkarten abhängigen „Otto Normalverbraucher" unerreichbaren Köstlichkeiten.

Die Würzburger Residenz war am 16. März 1945 und bei den Kämpfen zur Einnahme der Stadt schwer beschädigt worden. Die Gewölbe mit den Fresken Tiepolos waren ohne Dächer dem Wetter schutzlos ausgeliefert. In dieser Situation organisierte der amerikanische Kunstschutzoffizier John D. Skilton unter schwierigsten Bedingungen Holz und Dachpappe für ein Notdach und rettete gemeinsam mit einigen Würzburgern diese Kunstwerke vor der drohenden Zerstörung durch Wind und Wetter.

Bis zur Gründung der Bundesrepublik Deutschland 1949 wurden die wesentlichen Entscheidungen in dem der westlichen Besatzungszone angehörenden Unterfranken von der Militärregierung getroffen. Von den chaotischen Bedingungen der ersten Nachkriegszeit künden die Schwierigkeiten, die

Ansicht des zerstörten Würzburg. – Aquarell von Willi Greiner, 1945.

Ämter des Oberbürgermeisters von Würzburg und des Regierungspräsidenten zu besetzen. Der Direktor der Militärregierung Henderson setzte sofort nach den letzten Kämpfen am 6. April 1945 als vorläufigen geschäftsführenden Bürgermeister von Würzburg den Kaufmann Gustav Pinkenburg (1886–1958) ein. Der gab sein Amt aus gesundheitlichen Gründen bereits am 6. Juni 1946 auf, und der Rechtsanwalt Michael Meisner (1904–90) wurde erster gewählter Oberbürgermeister der Stadt nach dem Krieg. Da er gleichzeitig von 1945 bis 1949 als Landrat des Landkreises Würzburg amtierte, musste er noch 1946 zurücktreten. In dieser Situation besann man sich auf Dr. Hans Löffler und holte ihn von 1946 bis 1948 zurück ins Amt.

Zum ersten Regierungspräsidenten nach Kriegsende machten die Amerikaner Adam Stegerwald (1874–1945). Der Zentrums-Politiker stand im „Dritten Reich“ unter Beobachtung und war zeitweise inhaftiert. Nach Kriegsende gehörte er zu den Mitbegründern der CSU, starb jedoch bereits Ende 1945. Nachfolger im Amt des Regierungspräsidenten wurde der ebenfalls nur ein Jahr amtierende Jean Stock (1893–1965). Nachdem er während der Nazi-Zeit dem Widerstand verbunden und dafür inhaftiert war, wurde der SPD-Politiker 1945/46 von den Amerikanern zunächst als Oberbürgermeister von Aschaffenburg eingesetzt. Stock wurde außerdem in den Parlamentarischen Rat zur Vorbereitung des Grundgesetzes berufen und war Fraktionsvorsitzender der SPD im Bayerischen Landtag. Die wesentliche Aufgabe der Männer der ersten Stunde war es, die zivile Selbstverwaltung in Gang zu bringen, den Bombenschutt zu räumen sowie die Straßen und Wege für den Wiederaufbau von Häusern und Wohnungen frei zu machen.

Würzburg war so schwer zerstört worden, dass man anfangs erwogen hatte, das „Grab am Main" flussabwärts wiederaufzubauen. Vor 1945 hatte die Stadt etwa 100.000 Einwohner. Bei Kriegsende hausten weniger als 6.000 Menschen in Kellern und Notquartieren. 1946 waren es schon wieder 50.000 Einwohner, die begonnen hatten, die rund 2,5 Mio. m^3 Schutt wegzuräumen. Bereits 1963, nicht einmal 20 Jahre nach dem totalen Inferno, galt der Wiederaufbau als abgeschlossen und Würzburg hatte mit 120.000 Einwohnern mehr als je zuvor.

Flüchtlinge und Heimatvertriebene nach 1945

Die sich seit Ende 1944 vor allem von Osten nähernde Front hatte bereits viele nach Westen flüchten lassen. Auf der Potsdamer Konferenz 1945 beschlossen die Siegermächte die „Überführung" der in Polen, Ungarn und der Tschechoslowakei lebenden Deutschen nach Deutschland. Am Ende musste das zerstörte Land etwa 12 Mio. Menschen aufnehmen, Bayern alleine bot rund 2 Mio. Flüchtlingen und Vertriebenen eine neue Heimat. Fast die Hälfte kam aus dem Sudetenland. Angesichts der schweren Schäden wurden Unterfranken 174.102 „Neubürger" zugeteilt, die zunächst in 64 Lagern untergebracht waren. Anfangs waren es meist Frauen, Kinder und ältere Menschen, die mit wenigen Habseligkeiten vor allem in Viehwaggons transportiert worden waren; viele Männer befanden sich in Kriegsgefangenschaft.

Da die Erstaufnahmelager nicht für einen längeren Aufenthalt ausgelegt waren, wurden zahlreiche Flüchtlinge und Vertriebene rasch in weniger zerstörte ländliche Gebiete verlegt, wo sie nicht immer als geschätzte Logiergäste angesehen wurden. Häufig fanden sie sich mit einer „fremdenfeindlichen“ Einstellung der Einheimischen konfrontiert. Ihre Lage wurde dadurch erschwert, dass es in der Fläche kaum Arbeitsplätze gab und die arbeitsfähigen Männer deshalb täglich oft lange Fußwege zu den Betrieben auf sich nehmen mussten. Im Laufe der Zeit setzte sich unter den Flüchtlingen die Auffassung durch, dass eine Rückkehr in die Heimat kurzfristig nicht mehr möglich sein würde. Sie kompensierten diesen Verlust durch eine außerordentlich hohe Leistungsbereitschaft. Damit trugen sie erheblich zu dem sogenannten Wirtschaftswunder binnen weniger Jahre bei.

Ende der 1950er-Jahre waren die meisten Flüchtlinge und Heimatvertriebenen in Unterfranken beruflich und gesellschaftlich integriert. Zahlreiche Deutsche aus den Ostgebieten halten gleichwohl die Erinnerung an die ehemalige Heimat bis heute durch Mitgliedschaft in entsprechenden Vereinigungen oder durch regelmäßige Treffen sowie die Einrichtung von Museen und Heimatstuben wach. Die meisten dieser Generation – Einheimische wie Vertriebene – erlebten die Jahre nach dem Zweiten Weltkrieg als Schicksalsgemeinschaft. Viele Unterfranken hatten zwar nicht ihre Heimat verloren, mussten jedoch angesichts der zahlreichen Kriegstoten in den Familien und der zerstörten Häuser und Wohnungen ebenfalls wieder bei Null anfangen.

Wirtschaftswunderjahre

Kaum einer hätte erwartet, dass rund zehn Jahre nach Kriegsende eine gewaltige wirtschaftliche Erholung in Westdeutschland einsetzen würde. Trotz der von den Siegermächten verfügten Demontage von Maschinen in den Betrieben wurde unter schwierigsten Bedingungen – teilweise sogar unter freiem Himmel oder in den Kellern zerstörter Fabrikhallen – gearbeitet. Bei Kugelfischer in Schweinfurt entstanden 1948 die ersten Neubauten. 1953 hatte das Volumen der Produktion in der

Schweinfurter Industrie den Stand von 1939 überholt. Dieser Aufschwung wurde begünstigt durch den 1948 von den USA initiierten Marshall-Plan und die von Ludwig Erhard betriebene Währungsreform, mit der am 21. Juni 1948 die Deutsche Mark in den drei Westzonen alleiniges Zahlungsmittel wurde.

Direkten Anteil am nachhaltigen Aufschwung hatten auch die sogenannten Gastarbeiter. Das Thema war so kurz nach dem Zweiten Weltkrieg jedoch nicht unumstritten, denn mancher hatte nur wenige Jahre zuvor erlebt, wie eine große Zahl Kriegsgefangener und ausländischer Zwangsarbeiter von den Nazis als Ersatz für die Soldaten an der Front unter unmenschlichen Bedingungen zur Arbeit für den „Endsieg" eingesetzt worden war. Trotzdem war Mitte der 1950er-Jahre in der boomenden Wirtschaft der Bedarf von deutschen Arbeitskräften nicht mehr zu decken. Daher wurde das erste Anwerbeabkommen für Gastarbeiter bereits 1955 mit Italien geschlossen, dem mit Spanien (1960), Griechenland (1960), der Türkei (1961), Marokko (1963), Portugal (1964), Tunesien (1965) und Jugoslawien (1968) weitere folgten. Sie wurden zu Tausenden in den industriellen Ballungsgebieten um Schweinfurt und am Untermain bei Aschaffenburg dringend benötigt.

Erst als in Folge der Ölkrise die Arbeitslosigkeit wieder anstieg, verfügte das Bundesarbeitsministerium 1973 einen Anwerbestopp ausländischer Arbeitnehmer, deren Zahl sich laut einer Statistik von 1976 auf rund 20.000 belief. War man anfangs davon ausgegangen, dass die meisten nur einige Jahre in Deutschland bleiben würden, stellte man nun fest, dass viele von ihnen ihre Familien nachholten. Bald musste die Politik erkennen, dass in Unterfranken der hohe Standard der Industrieproduktion ohne Arbeitskräfte aus anderen Ländern nicht zu halten war. Hinzu kam der seit den 1970er-Jahren sich verstärkende Einwanderungsdruck von deutschstämmigen Menschen aus Mittel- und Osteuropa, der durch den Zusammenbruch der Sowjetunion zunahm.

Wiedervereinigung und Migrationsbewegungen aus den Kriegsgebieten im mittleren Osten und aus Afrika brachten im Laufe der Jahre Millionen Menschen in den deutschen Arbeitsmarkt und damit nach Unterfranken. Vor allem wegen der geburtenschwachen Jahrgänge war und ist die exportstarke deutsche Industrie darauf sogar angewiesen. Trotz der neuen Vielfalt und Buntheit der Ethnien und damit verbundener kultureller Prägungen in einem modernen Unterfranken hat der Ausgleich mit einer gewachsenen Kultur in Deutschland immer wieder zu noch ungelösten Problemen im gesellschaftlichen Miteinander geführt.

Kirchenbau im 20. Jahrhundert

Der Kirchenbau fand im Laufe des 20. Jhs. auch in Unterfranken langsam zu einer eigenständigen Formensprache. Anfangs herrschte ein historisierender Stilpluralismus, der die Unsicherheit im Umgang mit zeitgemäßer Baukunst spiegelt. Selbst wenn der Volksmund sie seinerzeit als „Scheune Gottes" schmähte, beheimatet Unterfranken mit Dominikus Böhms 1924 errichteter Kirche von Dettingen am Main dessen ersten modernen Kirchenbau. Ein Vertreter der Moderne war Albert Boßlet, von dem die Würzburg festungsartig überstrahlende Herz-Jesu-Kirche samt Missionsseminar (1927), die Pfarrkirche U. L. Frau im Frauenland (1936/37), die Herz-Jesu-Kirche in Aschaffenburg (1929) und die Abteikirche von Münsterschwarzach (1938) stammen. Im Ausdruck eben nicht neoromanisch, wurzeln Boßlets schwere, meist aus einer Symbiose von Eisenbeton und Muschelkalk errichtete Bauten gleichwohl in der Romanik.

Dennoch war diese Art zu bauen nach 1945 nicht mehr Ausdruck der neuen Zeit. An der Spitze des Bistums stand seit 1948 der erst 35-jährige Julius Döpfner (reg. 1948–57), damals der jüngste Bischof Europas. Der charismatische Oberhirte vermittelte in volksnahen Predigten vor Fabriken und Flüchtlingsheimen den Menschen die ersehnte Hoffnung. Unter der Losung „Wohnungsbau ist Dombau" gründete er 1949 das St.-Bruno-Werk. Mit Unterstützung eines bischöflichen Bauamtes, das seit 1948 der Architekt Hans Schädel leitete, ließ Döpfner in den neun Jahren seines Würzburger Pontifikats rund 100 Kirchen wieder aufbauen oder neu errichten.

Stuck oder kein Stuck: Der Wiederaufbau des Doms in Würzburg

Eine über Jahre geführte leidenschaftliche Diskussion darüber, wie stilrein der Würzburger Dom rekonstruiert werden muss, hat dazu geführt, dass die schwer beschädigte Kathedrale lange nicht erneuert worden ist. Erst 1958 wurde der barocke Stuck aus der Hand Pietro Magnos in Chor und Querschiff restauriert und seit 1965/66 findet sich im seitdem stuckfreien Mittelschiff des Langhauses eine Flachdecke mit Malereien von Fritz Nagel.

In kaum einer deutschen Diözese wurde so konsequent nach neuen, unverbrauchten Bauformen gesucht wie in Würzburg. Kirchen aus Stahl, Beton und Glas entstanden: Darunter war St. Kilian in Schweinfurt (1951/53) mit Georg Meistermanns Glasfenster in der Chorwand oder St. Alfons in Würzburg (1952/54). Die Bauten waren durchaus umstritten. St. Alfons wurde wegen seiner aufsteigenden Dachform als „Sprungschanze Gottes“ angegriffen. Dennoch gilt die Nachkriegszeit im Kirchenbau, der auf evangelischer Seite bemerkenswerte Schöpfungen von Olaf Andreas Gulbransson in Schwebheim (1956/57) oder Schweinfurt (1958/59) antworteten, als eine der kreativsten Phasen in der Baugeschichte Unterfrankens.

Gemeindegebietsreform von 1972

Eine schwierige Phase nicht nur in der Geschichte Unterfrankens repräsentiert die Gebietsreform von 1972 bis 1978. Damals wurde bayernweit die Zahl der Landkreise und kreisfreien Städte auf 71 bzw. 25 in etwa halbiert. In Unterfranken blieben von 22 Landkreisen neun übrig. Vordem fünf kreisfreien Städten standen nur noch Aschaffenburg, Würzburg und Schweinfurt gegenüber. Schweinfurt verzeichnete als einzige Gebietskörperschaft keinen Gebietszuwachs. Über Generationen gewachsene Strukturen wurden dabei zerstört. Einige Dörfer reagierten auf die sich seit 1967 abzeichnenden Veränderungen und zehrten ihre Rücklagen etwa durch den Bau von

Veranstaltungshallen auf: Die künftig „regierende“ Gemeinde sollte keine Mark „Mitgift“ erhalten. Anfangs wehrten sich über 200 Gemeinden in der „Aktionsgemeinschaft Demokratische Gebietsreform“ gegen die teilweise über die Köpfe der Betroffenen hinweg verfügten Eingemeindungen oder Zuordnungen zu Verwaltungsgemeinschaften.

Besonders heftig war der Widerstand in Ermershausen in den Haßbergen gegen die Eingliederung in den Markt Maroldsweisach. 1994 wurde die Gemeinde als Teil der Verwaltungsgemeinschaft Hofheim wieder selbstständig.

Vom Rand ins Zentrum: Auf dem Weg ins 21. Jahrhundert

Arbeitsplatzsituation

In Unterfranken waren 2011 von insgesamt etwa 469.000 Arbeitnehmern rund 145.000 Menschen in der Industrie beschäftigt. Das entspricht einem Anteil von 31 % und übersteigt den in Bayern insgesamt hohen Anteil von 28 % derartiger Industriearbeitsplätze. Sie finden sich in Unternehmen wie Knauf Gips, Koenig & Bauer AG oder Preh GmbH, die als Führer auf dem Weltmarkt gelten, sowie der Schaeffler Gruppe, der ZF Friedrichshafen AG oder SKF und der Bosch Rexroth AG in Schweinfurt und Lohr, die zur Spitze im Maschinenbau respektive in der Wälzlagerindustrie gehören.

Die meisten Arbeitsplätze stellt jedoch der Mittelstand. Städte wie Schweinfurt, die über Jahrzehnte Höhen und Tiefen der industriellen Monostruktur erfahren haben, bemühen sich, den Branchenmix aufzufächern, was sich in Unternehmen wie der Fresenius Medical Care oder der Medi Globe GmbH spiegelt. Ferner spielen mit Riedel Bau und Glöckle zwei Baufirmen eine wichtige Rolle.

Neben Schweinfurt bildet Aschaffenburg das zweite Industriezentrum Unterfrankens. Dort hat seit dem 19. Jh. die Fabrikation von Buntpapier einschließlich dessen Veredelung ihren Sitz. Außerdem gibt es eine noch immer namhafte Bekleidungsindustrie, die z. B. im Landkreis Würzburg von der s. Oliver Bernd Freier GmbH & Co. KG verstärkt wird.

Würzburg profiliert sich neben einigen Firmen im Bereich Automotive und Gesundheitswirtschaft vor allem als Standort von Universität und Wissenschaft. Zu den umsatzstärksten Fachmagazinen Deutschlands zählt seit 125 Jahren die Zeitschrift „MM Maschinenmarkt“ der Würzburger Vogel Communication Group.

Trotz einer Reihe alter Straßen wie der B 8 und der B 19 hat Unterfranken im 20. Jh. relativ spät Anschluss an ein modernes überregionales Straßennetz gefunden. Erst 1958 wurde die Region mit der A 3 an die Würzburg tangierende Linie Frankfurt–Nürnberg angeschlossen. Die inzwischen extrem überlastete, gelegentlich als „größter Parkplatz der Region" karikierte Strecke wird 2021 bis zu sechsspurig ausgebaut sein und damit ihrer Rolle als einer Hauptschlagader Europas gerecht werden. Ein stark befahrener Knotenpunkt von supranationaler Bedeutung ist das Biebelrieder Kreuz, an dem sich A 3 und A 7 schneiden. Die A 70 bildet eine Spange zwischen A 7 und A 9 und bindet Schweinfurt an die großen Verkehrswege an. Seit der Wiedervereinigung zweigt die A 71 östlich von Werneck von der A 70 ab. Sie erschließt von Unterfranken aus Thüringen und entlastet die B 19. Die Autobahnen betten Unterfranken in das europäische Fernstraßennetz ein und unterstreichen seine zentralräumliche Funktion.

Seit 1975 sind die Eisenbahnstrecken elektrifiziert. 1999 wurde die Schnellbahntrasse Würzburg–Hannover vollendet,

Der Eiserne Vorhang ist wieder offen: Trabikolonne am 9. November 1989 am unterfränkischen Grenzübergang Eußenhausen.

Würzburg konnte sich als wichtiger Eisenbahnknotenpunkt für die ICE-Strecken von Frankfurt nach Nürnberg und München sowie von Hannover nach Ulm behaupten. Die Metropolen Frankfurt oder Nürnberg sind von Würzburg aus mit dem ICE jeweils in rund einer Stunde erreichbar.

Während sich die Personenbeförderung stetig steigert, hat der Transport von Gütern auf der Schiene merklich abgenommen. Ähnliches gilt für den Warenverkehr auf dem Main. Obwohl dieser seit dem 19. Jh. für immer größere Schiffe ausgebaut wurde sowie seit den 1990er-Jahren über den Main-Donau-Kanal mit Nordsee und Schwarzem Meer verbunden ist, stagniert der Warenumschlag in den wenigen Mainhäfen oder ist sogar rückläufig. Mit der gestiegenen Beliebtheit von Flusskreuzfahrten wird der Fluss jedoch als Freizeitrevier immer attraktiver.

Unterfranken hat keinen Großflugplatz. Seitdem die Militärflughäfen in Würzburg, Giebelstadt, Kitzingen und Schweinfurt von der US Air Force aufgegeben worden sind, gibt es noch einige kleinere Flughäfen, deren Bedeutung selten über die Privat- oder Sportfliegerei hinausreicht.

Deutsche Wiedervereinigung

Der Norden Unterfrankens grenzte seit dem Ende des Zweiten Weltkrieges an die Ostzone bzw. das Gebiet der Deutschen Demokratischen Republik. Soldaten der DDR bewachten mit Schießbefehl die durch Metallzäune und Minenfelder gesicherte Grenze. Sie schnitt Deutschland in zwei Teile, die verschiedenen politischen Systemen und militärischen Bündnissen angehörten. Zu beiden Seiten waren kampfbereite Truppen der NATO und des Warschauer Pakts stationiert. An geeigneten Stellen lauschten Abhör- und Radarstationen tief in das jeweils feindliche Gebiet hinein.

Die Wiedervereinigung war offiziell Ziel westdeutscher Politik. Dennoch ging kaum jemand in Zeiten des Kalten Krieges davon aus, dass sie mit friedlichen Mitteln zu erreichen wäre. Die Regionen im Schatten der DDR-Grenze konnten im Wes-

Das Kernkraftwerk von Grafenrheinfeld war von 1989 bis 2015 am Netz. Den einen galt es als „Weltmeister" der Energieproduktion und den anderen als nicht beherrschbare Gefahr für Gesundheit und Wohlergehen.

ten über Jahrzehnte nur mit Unterstützung der Zonenrandförderung wirtschaftlich überleben.

Direkt auf die Feiern zum 40. Jahrestag der Gründung der DDR folgte ein friedlicher Aufstand ihrer Bürger („Wir sind das Volk"), der im November 1989 die Mauer in Berlin und den „Eisernen Vorhang" im ganzen Land hinwegfegte. In den ersten Tagen und Wochen besuchten Scharen von DDR-Bürgerinnen und -Bürgern in ihren Zweitakt-Trabis die Städte und Dörfer westlich der Grenze. Alleine in Würzburg wurden am ersten Wochenende rund 2.400 Besucherinnen und Besucher aus dem Osten Deutschlands gezählt.

Plötzlich lag das Zonenrandgebiet an exponierter Stelle mitten in Europa. Die subventionierte Wirtschaft musste sich am Markt orientieren. Daher kam es auch auf westdeutscher Seite in Unterfranken zu Schließungen nicht mehr konkurrenzfähiger, weil vorher subventionierter Firmen. In einer Art Goldgräberstimmung engagierten sich andererseits viele Unternehmen im Osten – anfangs nicht immer nur mit Erfolg.

Zu Beginn der 1990er-Jahre erlebte die Industriestadt Schweinfurt einen starken wirtschaftlichen Einbruch, und binnen kurzer Zeit waren 10.000 Arbeitsplätze dort gefährdet. Das Pendel schlug jedoch rasch wieder in die andere Richtung: Zehn Jahren später war die Stadt erneut auf Erfolgskurs und 2007 praktisch schuldenfrei. Die „Kugellagerstadt" hat erfolgreich auf mehr Arbeitsplätze im Dienstleistungssektor und im Mittelstand gesetzt. Sichtbares Zeichen ist das Industriegebiet „Maintal" südlich der A 70.

Auch Würzburg war um die Jahrtausendwende in finanziellen Nöten. Es ist der Stadt damals gelungen, sich noch stärker als regionale Metropole zu etablieren: Aus dem Theater der Stadt wurde das Mainfrankentheater und aus dem Mainfränkischen Museum wurde 2016 das vom Freistaat Bayern getragene Museum für Franken.

Neue Herausforderungen

Der Abzug der US-Soldaten bildete für Unterfranken zu Beginn des neuen Jahrtausends eine der größten Herausforderungen. Direkt betroffen waren Garnisonen in Aschaffenburg, Bad Kissingen, Giebelstadt, Kitzingen, Schweinfurt, Wildflecken, Würzburg usw. In kurzer Zeit verloren diese Orte nicht alleine zahlreiche im Laufe der Jahre zu Freunden und Nachbarn gewordene Menschen, sondern auch wertvolle Kaufkraft. Plötzlich waren tausende von Wohnungen leer und standen Flächen oft in Innenstadtnähe zur städtebaulichen Nutzung zur Verfügung.

Aschaffenburg verwandelte einen Teil der ehemaligen US-Wohnsiedlung in das Projekt „Spessart-Gärten". Würzburg setzte auf den Ausbau seiner Universität und organisierte 2018 eine Landesgartenschau am Hubland. Schweinfurt schafft in Zentrumsnähe Wohnraum und einen Campus für seine sich internationalisierende Hochschule. Kitzingen setzte auf mehr Wohnraum in den früheren *housing areas* und etablierte den einstigen Militärflughafen als wertvolles neues Industriegebiet. Nach 2006 wurde die *Air Base* in Giebelstadt zum Verkehrslandeplatz, den insbesondere in der Region ansässige Industriebetriebe nutzen.

Auch Unterfranken muss vor allem seit 2015 eine durch Krisen und Kriege insbesondere im Nahen Osten und in Afrika ausgelöste Zuwanderung von Geflüchteten und Migranten bewältigen. Anfangs ging es alleine darum, der blanken Not der oft völlig mittellosen Menschen mit rasch bereitgestellten Unterkünften überall im Land zu begegnen. Neben Staat und Kommunen haben viele Ehrenamtliche wertvolle Hilfen geleistet. Inzwischen hat eine gewisse Professionalität Einzug gehalten: Seit Mai 2019 gibt es in den einstigen *Conn Barracks* bei Geldersheim (Lkr. Schweinfurt) ein Ankerzentrum für die Betreuung der Geflüchteten.

Als größte Herausforderung in Gegenwart und Zukunft gilt – in Unterfranken wie andernorts – vielen jedoch die Bewältigung der Folgen des Klimawandels. Das ist eine Aufgabe, zu der zwar jeder seinen persönlichen Beitrag leisten kann, die aber freilich weit über das hinaus reicht, was Unterfranken leisten kann. Wie sehr wir inzwischen national und international vernetzt sind, zeigt sich beispielsweise darin, dass seit dem *Brexit* vom 31. Januar 2020 ein Acker unweit des 80 Einwohner zählenden Veitshöchheimer Ortsteils Gadheim bei Würzburg zum – wenn auch noch inoffiziellen – geographischen Mittelpunkt der Europäischen Union geworden ist.

Anhang

Zeittafel

vor 250 Mio. Jahren	Im Trias lagern sich Buntsandstein, Muschelkalk und Keuper auf dem kristallinen Grundgestein ab
vor ca. 600.000 Jahren	Erste Nachweise menschlichen Lebens in Franken
vor ca. 35.000 Jahren	Neandertaler in Franken
vor ca. 7.000 Jahren	Jungsteinzeit, frühes Bauerntum
um 1700 v. Chr.	Beginn der Bronzezeit. Siedlungen auf befestigten Bergkuppen
um 700 v. Chr.	Beginn der Eisenzeit, Großgrabhügel und Höhenburgen
um 500–um 50 v. Chr.	Kelten
ab ca. 50 v. Chr.	Germaneneinfälle
um 0–ca. 250 n. Chr.	Römer in Franken
ab ca. 300–500 n. Chr.	Germanische Siedler, Gauburgen
2./3. Jh.	römische Quellen bezeichnen Germanen links des Niederheins als „franci“
5. Jh. –531	Franken ist Teil des Thüringerreiches
Ende 5./Anf. 6. Jh.	Untermaingebiet in fränkischer Hand
ab 6. Jh.	Fränkische Expansion nach Osten
7. Jh.	Grenzsicherungsanlagen gegen Slawen und Awaren, Slawen siedeln im Steigerwald
um 635	Radulf Herzog von Franken
704	„Castellum Virteburch“ erstmals genannt
Mitte 7. Jh.–ca. 716	Hetenen Herzöge von Franken
um 685	Kilian, Kolonat und Totnan missionieren
741/742	Bonifatius gründet das Bistum Würzburg

Mitte 8. Jh.	Der Name „Franken“ taucht erstmals für die Bewohner des Maingebiets auf
788	Karl d. Gr. besucht Würzburg und nimmt vermutlich an der Weihe des Salvatordoms teil
903–906	Babenberger Fehde
1003	Schweinfurter Fehde
1007	Gründung des Bistums Bamberg: Würzburg verliert einen großen Teil seines Sprengels
1133	Baumeister Enzelin errichtet in Würzburg die erste Steinbrücke über den Main
1137	Konrad III. macht Franken zum Zentrum der staufischen Herrschaft. Zahlreiche Hof- und Reichstage finden in Würzburg statt
1156	Friedrich I. Barbarossas Hochzeit in Würzburg
1168	Bischöfe von Würzburg erhalten Herzogsgewalt in ihrem Bistum
1266	Ein Heer der Grafen von Hohenlohe, des Würzburger Domkapitels und der Bürgerschaft siegt bei Kitzingen unter dem Kiliansbanner gegen eine Koalition der Grafen von Henneberg und von Castell
1316	Die Stadt Würzburg erwirbt den Grafeneckart als Rathaus
1349	Während eines Judenpogroms wird die Synagoge auf dem Würzburger Marktplatz zerstört
1377	Grundsteinlegung der Marienkapelle am Ort der zerstörten Synagoge
1400	Vernichtende Niederlage der Bürgerschaft gegen das bischöfliche Heer bei Bergtheim
um 1460–1531	Der Bildschnitzer Tilman Riemenschneider wirkt in Würzburg
1500–1806	Fränkischer Reichskreis
ab ca. 1517	Reformation
1525	sog. Bauernkrieg
1552/53	Zweiter Markgräflerkrieg: Schweinfurt wird schwer zerstört

1582	Fürstbischof Julius Echter gründet die Würzburger Universität
Ende 16./1. H. 17. Jh.	Hexenverfolgungen
1618–48	Dreißigjähriger Krieg
1631–34	Schweden besetzen Franken
1642–73	Johann Philipp von Schönborn Fürstbischof in Würzburg: Barocke Kunst hält Einzug
ab 1649	Starke Befestigung des Marienbergs und der Stadt
1796	Französische Revolutionstruppen in Franken: Schlacht bei Würzburg
1802/03	Reichsdeputationshauptschluss: Hochstift Würzburg fällt an Bayern
1803–13	Fürstentum Aschaffenburg
1806–14	Toskanisches Großherzogtum Würzburg
1814 ff.	Unterfranken wird endgültig bayerisch
1814	Wilhelm Sattler stellt das „Schweinfurter Grün" fabrikmäßig her
1817	Gründung der Druckmaschinenfabrik Koenig & Bauer in Würzburg
1818	Bayerische Verfassung
1821	Graf Franz Erwein von Schönborn lässt in Gaibach die Konstitutionssäule errichten
1821	Der Freiheitskämpfer Prof. Wilhelm Joseph Behr wird Bürgermeister von Würzburg
1832	Verfassungsfest in Gaibach
1837	Der „Untermainkreis" wird in „Unterfranken und Aschaffenburg" umbenannt
1841	Eröffnung der Maindampfschifffahrt
1845	Erstes Deutsches Sängerfest in Würzburg
1852/54	Die Ludwigs-West-Bahn erreicht von Bamberg kommend die Städte Schweinfurt, Würzburg und Aschaffenburg
1883	Friedrich Fischer baut in Schweinfurt die erste Kugelschleifmaschine

1895	Gründung der „Schweinfurter Präzisions-Kugellagerwerke Fichtel & Sachs“
1914–18	Erster Weltkrieg
1918	Ende der Monarchie in Bayern
1918/19	Revolution in Bayern: Ausrufung des Freistaats
1933	Nationalsozialisten übernehmen die Macht
1938	Reichspogromnacht
1939–45	Zweiter Weltkrieg
1942–45	Bei Luftangriffen werden u. a. Aschaffenburg, Schweinfurt und Würzburg schwer zerstört
1945	Ostheim vor der Rhön kommt zu Unterfranken; 20. April: Ende des Kriegs in Unterfranken
ab 1945	Zustrom von Flüchtlingen und Vertriebenen
1965	Autobahn Frankfurt–Nürnberg berührt Würzburg
1971	Fachhochschule Würzburg-Schweinfurt
ab 1972	Gemeindegebietsreform
1981	Würzburger Residenz wird Weltkulturerbe
1982	Kernkraftwerk Grafenrheinfeld geht in Betrieb
1989	Öffnung der deutsch-deutschen Grenze
2015	Kernkraftwerk Grafenrheinfeld wird abgeschaltet

Regierungspräsidenten (bis 1837 Generalkommissäre)

Maximilian Freiherr von Lerchenfeld (1814–17)
Franz Freiherr von Asbeck (1817–25)
Maximilian Freiherr von Zu Rhein (1826–32)
Karl Freiherr von Stengel (1832)
August Graf von Rechberg und Rothenlöwen (1833–37)
Ferdinand Freiherr von Andrian-Werburg (1837)
Philipp Graf von Lerchenfeld (1838–40)
Leopold Graf Fugger von Glött (1840–49)
Friedrich Freiherr von Zu Rhein (1849–68)
Dr. h.c. Friedrich Graf von Luxburg (1868–1901)
Ludwig von Kobell (1901–07)
Karl Ritter von Müller (1907–13)
Dr. Friedrich Ritter von Brettreich (1913–16)
Julius Ritter von Henle (1917–29)
Dr. h.c. Bruno Günder (1929–33)
Dr. Otto Hellmuth (1934–45)
Adam Stegerwald (1945)
Jean Stock (1945–46)
Dr. Karl Körner (1946–50)
Dr. Karl Kihn (1950–52)
Prof. Dr. Josef Hölzl (1952–60)
Dr. Heinz Günder (1960–68)
Dr. Robert Meixner (1968–74)
Dr. h.c. Philipp Meyer (1974–84)
Dr. Franz Vogt (1984–2000)
Dr. Paul Beinhofer (2000–18)
Dr. Eugen Ehmann (seit 2019)

Bezirkstagspräsidenten

Hans Weiß, CSU (1954–66)
Oskar Schad, CSU (1966–70)
Dr. Franz Gerstner, CSU (1970–94)
Raymund Schmitt, CSU (1994–2001)
Albrecht Graf von Ingelheim, CSU (2001–06)
Erwin Dotzel, CSU (seit 2006)

Literatur (Auswahl)

B.-U. ABELS, G. HASELOFF, Chr. PESCHECK und H. ROTH sowie weitere Verfasser, Führer zu vor- und frühgeschichtlichen Denkmälern: Würzburg, Karlstadt, Iphofen, Schweinfurt, Bd. 27, Mainz 1975.

Werner K. BLESSING, Dieter WEISS (Hrsg.): Franken. Vorstellung und Wirklichkeit in der Geschichte, (= Franconia. Beihefte zum Jahrbuch für fränkische Landesforschung, Bd. 1), Neustadt (Aisch) 2003.

Tilmann BREUER, Friedrich OSWALD, Friedrich PIEL, Wilhelm SCHWEMMER (†) und andere Fachkollegen (Bearb.), Georg Dehio, Handbuch der Deutschen Kunstdenkmäler, Bayern I: Franken. Die Regierungsbezirke Oberfranken, Mittelfranken und Unterfranken, München – Berlin ²1999.

Frank BÜTTNER, Wolf-Christian VON DER MÜLBE, Giovanni Battista Tiepolo. Die Fresken in der Residenz zu Würzburg, Würzburg 1980.

Georg DEHIO, Geschichte der deutschen Kunst, Bd. 3, Die Neuzeit von der Reformation bis zur Auflösung des Alten Reichs, Renaissance und Barock, Berlin – Leipzig ²1931.

Heinrich DUNKHASE, Würzburg als Sitz der deutschen Nationalversammlung 1919. In: Mainfränkisches Jahrbuch für Geschichte und Kunst 30, 1978, S. 107–114.

Heinrich DUNKHASE, Würzburg, 16. März 1945, 21.25 UHR – 21.42 UHR. Hintergründe, Verlauf und Folgen des Luftangriffs der No. 5 Bomber Group. In: Mainfränkisches Jahrbuch für Geschichte und Kunst 32, 1980, S. 1–32.

J. A. EICHELSBACHER, E. RÜCKER (Hrsg.), Unterfranken 175 Jahre bayerisch 1814–1989, Würzburg 1989.

Roland FLADE, Der Novemberpogrom von 1938 in Unterfranken. Vorgeschichte – Verlauf – Augenzeugenberichte. Würzburg 1988.

Roland FLADE, „Vergessenes Leid. Wie Würzburger den Ersten Weltkrieg erlebten“, Würzburg 2018.

Heinrich Gerhard FRANZ, Dientzenhofer und „Haustätter“. Kirchenbaumeister in Bayern und Böhmen, München – Zürich 1985.

Max H. VON FREEDEN (Bearb.), Unterfranken zur Zeit König Ludwigs I. Ein Bilderheft zur Ausstellung anlässlich der einhundertfünfzigjährigen Zugehörigkeit Unterfrankens zu Bayern, Würzburg 1964.

Volker GRUMBACH, Das Bürgerspital zum Heiligen Geist in Haßfurt. 400 Jahre Spitalordnung Julius Echters, Haßfurt 2016.

Peter HERDE, Friedrich Barbarossa, die Katastrophe vor Rom von August 1167 und die Würzburger „güldene Freiheit“ vom 10. Juli

1168. In: Jahrbuch für fränkische Landesforschung, Bd. 56 (1996), S. 149–180.
Wolfgang JAHN, Jutta SCHUMANN, Evamaria BROCKHOFF (Hrsg.), Edel und Frei. Franken im Mittelalter (Veröffentlichungen zur Bayerischen Geschichte und Kultur 47/04), Augsburg 2004.
Wolfgang JUNG, Warum wurde nichts aus der Würzburger Republik? In: Main-Post, 9. März 2019, SWT S. 41.
Fritz KNAPP, Mainfranken. Eine kunstgeschichtliche Heimatkunde, Würzburg [2]1937.
Hans-Michael KÖRNER, Alois SCHMID unter Mitarbeit von Martin OTT, Handbuch der Historischen Stätten, Bayern II: Franken, Stuttgart 2006.
Peter KOLB, Ernst-Günther KRENIG (Hrsg.), Unterfränkische Geschichte, 5 Bde., Würzburg 1989–2002.
Peter KOLB, Die Juliusspital-Stiftung zu Rothenfels, Würzburg 1985.
Peter KOLB, Es begann mit dem Landrat des Untermainkreises – Die Anfänge des Bezirks Unterfranken (1829–1851), Freunde Mainfränkischer Kunst und Geschichte e. V., Würzburg 2006.
Peter KOLB, Der Bezirk Unterfranken 1852–1918, Freunde Mainfränkischer Kunst und Geschichte e. V., Würzburg 2016.
Matthias LERMANN, Der Würzburger Oberbürgermeister Dr. Hans Löffler. Bürgerethik und Liberalismus, Würzburg 2015.
Rainer LENG, Würzburg im 12. Jahrhundert, München 2012.
Lucia LONGO, Antonio PETRINI. Ein Barockarchitekt in Franken, München – Zürich 1985.
Albrecht LIESS (Redaktion), Wege in die Vernichtung. Die Deportation der Juden aus Mainfranken 1941–1943. Begleitband zur Ausstellung des Staatsarchivs Würzburg und des Instituts für Zeitgeschichte München-Berlin in Zusammenarbeit mit dem Bezirk Unterfranken, München 2003.
Gerhard LUBICH, Auf dem Weg zur „Güldenen Freiheit“ (1168). Herrschaft und Raum in der Francia orientalis von der Karolinger- zur Stauferzeit (= Historische Studien. Bd. 449), Husum 1996.
Johannes MACK, Der Baumeister und Architekt Joseph Greissing. Mainfränkischer Barock vor Balthasar Neumann (Veröffentlichungen der Gesellschaft für fränkische Geschichte VIII/16), Würzburg 2008.
Otto MEYER, Unterfranken. Ein Aufriß seines Weges durch die Jahrhunderte (Mainfränkische Hefte, Heft 69), Freunde mainfränkischer Kunst und Geschichte e. V., Würzburg 1979.
Karlheinz MÜLLER, Die Würzburger Judengemeinde im Mittelalter. Von den Anfängen um 1100 bis zum Tod Julius Echters (1617), Freunde Mainfränkischer Kunst und Geschichte e. V., Würzburg 2004.

Karlheinz MÜLLER, Simon SCHWARZFUCHS, Abraham (Rami) REINER (Hrsg.) unter Mitarbeit von Edna ENGEL, Die Grabsteine vom jüdischen Friedhof in Würzburg aus der Zeit vor dem Schwarzen Tod (1147–1346), Veröffentlichungen der Gesellschaft für fränkische Geschichte IX/58, Würzburg 2011.

Markus NASER (Bearb.), Unterfranken in Bayern 1814–2014. Historischer Atlas zum 200-jährigen Jubiläum, Würzburg 2014.

Franz OBERTHÜR, Über öffentliche Denkmale, Elberfeld 1817.

Jürgen PETERSOHN, Franken im Mittelalter. Identität und Profil im Spiegel von Bewußtsein und Vorstellung (Vorträge und Forschungen, Sonderband 51), Ostfildern 2008.

Hans REUTHER, Balthasar Neumann. Der mainfränkische Barockbaumeister, München 1983.

Rainhard RIEPERTINGER, Evamaria BROCKHOFF, Michael NADLER, Ralf SKORUPPA (Hrsg.), Main und Meer. Katalog zur Bayerischen Landesausstellung 2013, Kunsthalle Schweinfurt, Augsburg 2013.

Conrad SCHERZER, Franken, Land, Volk, Geschichte und Wirtschaft, Nürnberg 1955.

Anna SCHIENER, Kleine Geschichte Frankens, Regensburg 2016.

Erich SCHNEIDER, Bernd SCHNEIDMÜLLER (Hrsg.), Vor 1000 Jahren – Die Schweinfurter Fehde und die Landschaft am Obermain 1003, Referate des wissenschaftlichen Kolloquiums am 4. und 5. Juli 2003 in der Bibliothek Otto Schäfer in Schweinfurt, Städtische Sammlungen Schweinfurt und Zentrum für Mittelalterstudien der Universität Bamberg, Schweinfurter Museumsschriften, Bd. 118/2004, Schweinfurt 2004.

Erich SCHNEIDER, Johannes MAHR, Tiepolo und die Altargemälde für Münsterschwarzach, Regensburg 2008.

Erich SCHNEIDER, Kirchenbauten des reifen Balthasar Neumann. Architektur der Aufklärung? Ein Versuch. In: Jahrbuch für fränkische Landesforschung 76, 2016, S. 203–219.

Erich SCHNEIDER, Alf DIETERLE (†), „Die Zeit enthüllt die Wahrheit“. Die Gemälde im Marmorsaal von Schloss Kleinheubach. In: Wertheimer Jahrbuch 2016/2017. Herausgegeben vom Historischen Verein Wertheim in Verbindung mit dem Staatsarchiv Wertheim, Wertheim 2018, S. 113–156.

Friedrich Karl VON SCHÖNBORN, Studienordnung für die Universität Würzburg. Nachdruck der 1. Auf. aus dem Jahre 1743 m. e. Nachwort von Otto Meyer, Würzburg 1980.

August SPERL, Geschichte Frankens, 2 Bde., Schweinfurt 1886/88, Nachdruck Aalen 1966.

Stadtarchiv Würzburg (Hrsg.), Revolution! Der Übergang von der Monarchie zur Republik im Raum Würzburg 1918/19 (Sonderveröffentlichung des Stadtarchivs Würzburg, Bd. 12), Würzburg 2019.

Bernd STEIDL, Römer und Germanen am Main. Ausgewählte archäologische Studien, Obernburg am Main 2016.

Hans STEIDLE, Der Habima-Skandal in Würzburg 1930/1. In: Mainfränkisches Jahrbuch für Geschichte und Kunst 35, 1983, S. 152–210.

Hans STEIDLE, Neckermann & Co. Die Ausplünderung der Würzburger Juden im Dritten Reich, Würzburg 2014.

Hans STEIDLE, Der Triumph der Malkunst. Der Tiepolo-Code und das Würzburger Weltbild, Würzburg 2018.

Friedrich STEIN, Geschichte Frankens, 2 Bde., Schweinfurt 1885/86.

Hans-Peter TRENSCHEL (Hrsg.), 150 Meisterwerke aus dem Mainfränkischen Museum Würzburg. Mit Katalogbeiträgen von Claudia Lichte, Hanswernfried Muth, Christian Pescheck, Hans-Peter Trenschel, Gerhard G. Wagner, Frauke van der Wall, Eva Zahn-Biemüller, Helge Zöller, Würzburg 1997.

Karl TREUTWEIN, Unterfranken. Landschaft, Geschichte, Kultur, Kunst, Nürnberg 1961.

Frauke VAN DER WALL, 100 Jahre Fränkischer Kunst- und Altertumsverein (Freunde Mainfränkischer Kunst und Geschichte e. V., Würzburg, Mainfränkische Hefte 91), Würzburg 1993.

Frauke VAN DER WALL, 100 Jahre Mainfränkisches Museum Würzburg, Würzburg 2013.

Alfred WENDEHORST, Das Bistum Würzburg 1803–1957, Würzburg 1965.

Alfred WENDEHORST, Das Bistum Würzburg. Ein Überblick von den Anfängen bis zur Säkularisation. In: Freiburger Diözesanarchiv. Zeitschrift des Kirchengeschichtlichen Vereins für Geschichte, christliche Kunst, Altertums- und Literaturkunde des Erzbistums Freiburg mit Berücksichtigung der angrenzenden Bistümer, 86. Bd. (Dritte Folge, 18. Bd.), 1966, S. 9–93.

Klaus WITTSTADT, Wolfgang WEISS, Die Christianisierung Frankens und die Anfänge des Bistums Würzburg, Strasbourg 1996.

Register

Personen

Orte

Bildnachweis

Bayerische Verwaltung der staatlichen Schlösser, Gärten und Seen: 50, 82 (Achim Bunz), 84 (Achim Bunz)
Bayerisches Landesamt für Statistik: 166
bpk: 129
Elmar Hahn Verlag: 17, 26.
https://commons.wikimedia.org: 14 (H. Beierstettel, CC BY-SA 4.0), 15 (Settembrini, CC BY 3.0), 28 (Roman Eisele, CC BY-SA 4.0), 43 (Christian Horvat), 68 (Tilmann2007, CC BY-SA 3.0), 72, 81 (Tilmann2007, CC BY-SA 4.0), 115 (Oktobersonne, CC BY-SA 4.0), 131 („Würzburg – Bilder aus alter und neuer Zeit", A. Droessler, Graph. ANstalt Würzburg, 1958), 154 (Avda, CC BY_SA 3.0)
Landratsamt Kitzingen (Corinna Petzold): 46
Main-Post-Archiv: 152 (Hubert Herbert)
Martin von Wagner Museum der Universität Würzburg: 103 (Andre Mischke)
Museum für Franken – Staatliches Museum für Kunst- und Kulturgeschichte in Würzburg: 16 (S. 71608), 19 (A. 7256), 21 (U. 1594), 24 (S. 43883), 37 (S. 14196), 53 (S. 60856), 56 (S. 32639), 79 (Lg. 43849), 91 (S. 46677), 100 (Lg. 60219), 116 (S. 60497), 122 (S. 45992), 144 (S. 46563)
Staatsarchiv Würzburg: 41, 138
Staatsbibliothek Bamberg: 33 (RB.Carm.sol.f.11)
Stadtarchiv Kitzingen, Historische Fotosammlung: 59
Stadtarchiv Würzburg: 27 (Ratsbuch 412, fol. 142v)

Umschlagmotive: Vorne: Stadtansicht Würzburgs von Samuel Prout. – Lithographie von 1835 (akg-images: AKG65629)
Hinten (v. l. n. r.): Mainschleife im Leidenrain mit Blick nach Bayern (https://commons.wikimedia.org: H. Beierstettel, CC BY-SA 4.0), Cyriakus-Schlacht (Stadtarchiv Würzburg: Ratsbuch 412, fol. 142v), Marktplatz in Miltenberg (pixabay.com: lapping)